DIVER SIDADE

em sala de aula:
por uma educação
antirracista

Dados Internacionais de Catalogação na Publicação (CIP)
(Simone M. P. Vieira – CRB 8ª/4771)

Diversidade em sala de aula : por uma educação antirracista /
Daniele dos Santos Lima, Talita Nunes Costa, Ilane Abreu de
Vasconcelos, Ana Carolina Costa dos Santos, Karla Patrícia
Oliveira-Esquerre. – São Paulo : Editora Senac São Paulo, 2025.

ISBN 978-85-396-5230-3 (impresso/2025)
e-ISBN 978-85-396-5231-0 (ePub/2025)
e-ISBN 978-85-396-5232-7 (PDF/2025)

1. Educação antirracista. 2. Antirracismo – Brasil. 3. Respon-
sabilidade social. I. Lima, Daniele dos Santos. II. Costa, Talita
Nunes III. Vasconcelos, Ilane Abreu de. IV. Santos, Ana Carolina
Costa dos V. Oliveira-Esquerre, Karla Patrícia.

24-2333c   CDD – 370.115
                                                                      370.117
                                                              305.800981
                                            BISAC EDU048000
                                                          EDU020000
                                                          SOC056000

Índice para catálogo sistemático:

1. Educação : Responsabilidade social : Antirracismo   370.115
2. Educação multicultural : Educação antirracista   370.117
3. Antirracismo – Brasil   305.800981

Daniele dos Santos Lima
Talita Nunes Costa
Ilane Abreu de Vasconcelos
Ana Carolina Costa dos Santos
Karla Patrícia Oliveira-Esquerre

DIVER SIDADE

em sala de aula: por uma educação antirracista

Editora Senac São Paulo – São Paulo – 2025

ADMINISTRAÇÃO REGIONAL DO SENAC NO ESTADO DE SÃO PAULO
Presidente do Conselho Regional: Abram Szajman
Diretor do Departamento Regional: Luiz Francisco de A. Salgado
Superintendente Universitário e de Desenvolvimento: Luiz Carlos Dourado

EDITORA SENAC SÃO PAULO
Conselho Editorial:
Luiz Francisco de A. Salgado
Luiz Carlos Dourado
Darcio Sayad Maia
Lucila Mara Sbrana Sciotti
Luís Américo Tousi Botelho

Gerente/Publisher: Luís Américo Tousi Botelho
Coordenação Editorial: Verônica Pirani de Oliveira
Prospecção: Andreza Fernandes dos Passos de Paula,
Dolores Crisci Manzano, Paloma Marques Santos
Administrativo: Marina P. Alves
Comercial: Aldair Novais Pereira
Comunicação e Eventos: Tania Mayumi Doyama Natal

Edição e Preparação de Texto: Ana Luiza Candido
Coordenação de Revisão de Texto: Marcelo Nardeli
Revisão de Texto: Camila Y. K. Assunção
Coordenação de Arte: Antonio Carlos De Angelis
Editoração Eletrônica: Manuela Ribeiro
Ilustrações: Ilane Abreu de Vasconcelos
Créditos das imagens: Dandara Melo Correia (p. 23), Marcio/Adobe Stock
(p. 29), Gilmar Machado Barbosa (p. 74), Alexandre Beck (p. 142) e Antonio
D'Agostino Filho (p. 144)
Imagem de capa: AdobeStock | gerada com IA por Andrei
Impressão e acabamento: Gráfica Melting Color

Editora Senac São Paulo
Av. Engenheiro Eusébio Stevaux, 823 – Prédio Editora
Jurubatuba – CEP 04696-000 – São Paulo – SP
Tel. (11) 2187-4450
editora@sp.senac.br
https://www.editorasenacsp.com.br

© Editora Senac São Paulo, 2025

Sumário

Nota do editor

O secular processo escravagista e a crença no mito da democracia racial trouxeram prejuízos a gerações de brasileiros, o que nos exige hoje uma urgente reflexão e um compromisso com a causa antirracista. Para a desconstrução de paradigmas raciais, é preciso compreender-se como parte de uma estrutura social racista, que elimina oportunidades a pessoas negras e as sujeita a condições de vida precarizadas, e ir em busca de ferramentas e informações que possam nos ajudar a combater preconceitos.

Nesse sentido, o espaço escolar se coloca como um ambiente propício ao surgimento de novos pensamentos e práticas, embora nem sempre estejam disponíveis recursos que apoiem o trabalho docente ou que abordem a diversidade em sala de aula.

Cientes dessa escassez, as autoras deste livro, com base em experiências vividas no projeto Ciência de Dados na Educação Pública, de Salvador (BA), elaboraram este rico material, com conceitos, reflexões, gráficos e leituras que colocam em pauta a construção de uma sociedade mais justa e igualitária, visando a, sobretudo, alcançar docentes e sua prática, para que possam promover com seus estudantes atividades alinhadas a essa temática.

Com muita satisfação, o Senac São Paulo traz a público uma obra com tamanho potencial transformador, colocando-se ao lado de professores e estudantes na promoção de uma educação antirracista.

A todas as pessoas que sonham e lutam por uma escola que acolha todas as cores e vozes. Desejamos que estas páginas sejam sementes de justiça e transformação.

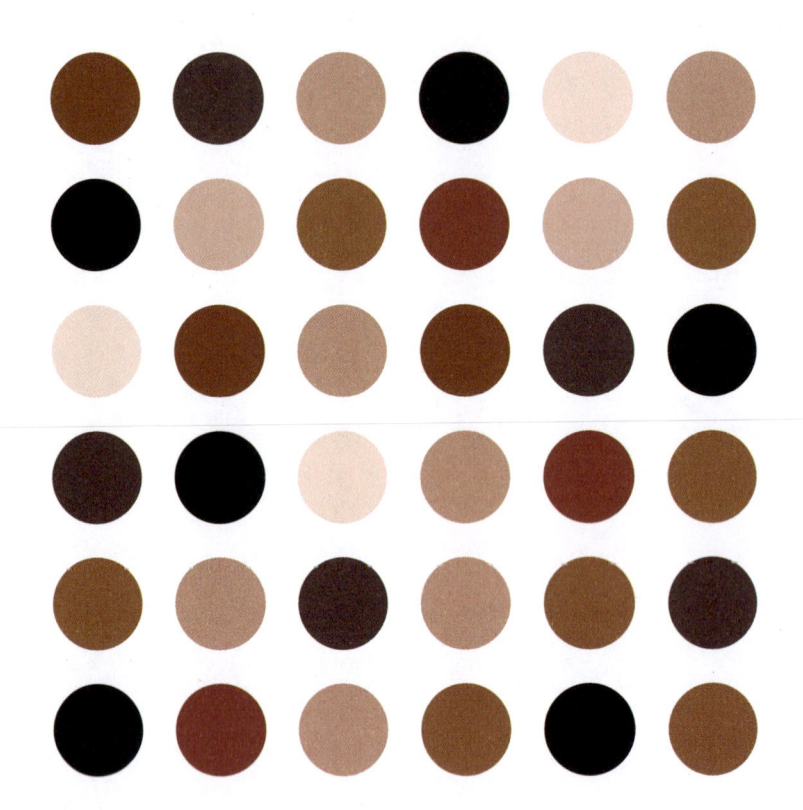

Agradecimentos

Agradecemos profundamente a todos os colaboradores pelas valiosas sugestões, discussões, críticas construtivas e revisões. Em especial, destacamos o grupo de pesquisa Growing with Applied Metrics and Mindful Analysis (Gamma), da Universidade Federal da Bahia, e seus dedicados pesquisadores, assim como o Laboratório de Interpretação de Núcleos Habitados (LIN-A), da Universidade Federal de Alagoas, sob a liderança da professora doutora Roseline Oliveira.

Nossa gratidão também se estende às escolas parceiras do projeto – Escola Municipal Cidade de Jequié, Colégio Estadual Evaristo da Veiga, Colégio Estadual Henriqueta Martins Catharino, Colégio Estadual Mário Costa Neto, Colégio Estadual Ypiranga e Colégio Central da Bahia – pelo apoio essencial na criação de espaços de diálogo e troca, além da comunicação constante com estudantes e suas famílias, especialmente durante o período desafiador da pandemia.

Um agradecimento especial à Fundação Itaú para Educação e Cultura, cujas lideranças e equipe, além de fornecerem suporte financeiro, confiaram no potencial transformador deste projeto e enriqueceram sua trajetória com valiosas trocas de ideias. Estendemos também nossos sinceros agradecimentos ao Conselho Nacional de Desenvolvimento Científico e Tecnológico (CNPq) e ao Ministério da Ciência, Tecnologia e Inovação (MCTI), por seu apoio financeiro e institucional ao Projeto Ciência de Dados na Educação Pública, que desde suas origens, no programa Meninas na Ciência de Dados, tem sido um alicerce crucial para a inovação educacional.

Por fim, expressamos nossa gratidão à equipe da Editora Senac São Paulo, cujo profissionalismo e dedicação foram fundamentais para a qualidade desta publicação. Agradecemos também a Fernanda Yamamoto, cuja confiança e apoio foram fundamentais para conectar--nos à Editora Senac São Paulo e tornar este projeto possível.

Prefácio

O enfrentamento das desigualdades raciais em nossa sociedade é urgente, e as escolas são espaços fundamentais nessa luta. Crianças e jovens precisam conviver em um contexto escolar que seja antirracista, que valorize a todas as pessoas, mas, sobretudo, que não colonize os saberes, não subestime um conhecimento em detrimento de outro, que promova o diálogo e que estimule estudantes a desenvolver potencialidades, reconhecer a pertença e ter orgulho da identidade racial.

Nesse sentido, o projeto Ciência de Dados na Educação Pública intentou esforços para incentivar estudantes no aprendizado da ciência de dados, da inteligência artificial, das práticas investigativas e do protagonismo social, racial e de gênero. Esse trabalho contribui para que crianças e jovens aprendam a manejar dados referentes ao seu bairro e ao seu município, por exemplo, de forma a entender melhor seu contexto e permitir uma atuação como agentes de transformação social. Realizado com estudantes de escolas públicas da capital baiana, à época, o projeto impactou a trajetória de crianças e jovens, que passaram a se sentir mais confiantes em sua capacidade de aprender e no desenvolvimento de seus potenciais.

Não se pode negar que a discussão sobre questões raciais, especialmente a reflexão sobre o racismo estrutural – materializado nos meios de comunicação, nas condições de vida precarizadas e nas maiores dificuldades de acesso ao emprego, à saúde, à alimentação e à moradia digna –, apoia e fortalece estudantes negras e negros no enfrentamento da dura realidade do racismo em nosso país, assim como engaja pessoas lidas socialmente como brancas na luta antirracista.

A publicação *Diversidade em sala de aula: por uma educação antirracista*, para além de um importante conteúdo formativo sobre o racismo, fornece suporte a docentes, indicando caminhos para a reflexão sobre o assunto, com base em uma perspectiva histórica, social, política e econômica.

A obra traz conteúdos consistentes para a formação docente e sugestões de atividades em sala de aula, abordando temas como: colorismo e branquitude, mito da democracia racial, racismo na escola, intolerância religiosa, educação para a cidadania e justiça social. Ademais, há a indicação de diferentes recursos, como vídeos, livros e textos, que podem contribuir com o trabalho de docentes que desejam avançar em sua prática pedagógica antirracista. Logo, este é um trabalho fundamental para avançarmos na formação de crianças e jovens protagonistas de uma sociedade antirracista e, portanto, mais justa para todos e todas.

Como nos ensina Angela Davis: "não basta não ser racista, é preciso ser antirracista". Não podemos tolerar uma educação que não reconheça as contribuições africanas e afro-brasileiras à história do nosso país. Não podemos tolerar uma escola que não valorize e apoie o desenvolvimento de estudantes negras e negros.

Sejamos todos antirracistas!

Sônia Maria Barbosa Dias

Doutora em educação pela Faculdade de Educação da Universidade de São Paulo (FE-USP). Trabalha com formação e políticas públicas de educação desde 2000. Atualmente, é coordenadora de implementação de programas sociais no Itaú Social.

Apresentação

Ficamos felizes por você ter aceitado nosso chamado-convite para refletir e dialogar sobre questões raciais no Brasil e por seu engajamento na luta antirracista.

Sabe-se que a destituição de paradigmas raciais é urgente. Para tanto, é imprescindível compreendermos como o racismo estruturou secularmente o seu projeto de segregação e dominação de pessoas negras. Tratar dessas questões nos é caro e nos mobiliza à ação que nos trouxe a este livro, materializado a partir do nosso sonho-projeto, cujo intento é implicar jovens estudantes em lutas pela justiça social.

Durante os anos de existência do projeto Ciência de Dados na Educação Pública, em Salvador (BA), a equipe sempre se preocupou em propiciar discussões que despertassem a formação de cidadãos[1] como agentes de transformações sociais em âmbito local inevitavelmente associado a processos globais. Nessa perspectiva, a educação sempre se mostrou como o caminho mais viável para transformar vidas. Este livro foi gestado a partir das experiências das autoras que fomentaram o debate sobre questões raciais, sociais e de gênero no projeto nos anos de 2019 e 2020. Assim, os temas presentes neste trabalho foram pensados a partir da emergência social por fazerem parte do escopo de mediações

---

1 Esta publicação adota unicamente a flexão de gênero no masculino por decisão editorial, buscando facilitar sua compreensão por pessoas que utilizam programas de leitura. Isso não significa que as autoras desconsideram questões de gênero ou reafirmam a ideia de universalização do masculino em detrimento do protagonismo histórico de mulheres e pessoas não binárias.

com estudantes partícipes do projeto e, sobretudo, pela necessidade e urgência que o diálogo sobre o antirracismo exige.

Iniciado em 2019, o projeto Meninas na Ciência de Dados tinha por objetivo despertar o desejo pela área de exatas e pela ciência de dados em garotas, estudantes do ensino fundamental II, da rede pública de ensino de Salvador. Em 2020, essa iniciativa foi ampliada a todos os estudantes, dos ensinos fundamental e médio, por meio de quatro linhas de estudo-ação: ciência de dados, inteligência artificial, práticas investigativas e protagonismos social, racial e de gênero, dando origem ao projeto Ciência de Dados na Educação Pública. Para tanto, um ambiente multidisciplinar e plural foi construído, com a colaboração de estudantes de graduação e pós-graduação, docentes e profissionais de instituições de ensino superior em uma ampla frente de popularização e divulgação da ciência.

O projeto promoveu o reconhecimento das dinâmicas da sociedade e da cidade de Salvador por meio da abordagem de dados, de estatística, de explorações gráficas e do desenvolvimento do pensamento crítico, científico e analítico que consideram implicações raciais, sociais e de gênero. Além disso, recorreu-se a tecnologias inteligentes e vieses que dialogam com temas ligados a ciência e tecnologia, cultura e esportes, educação, família, justiça, meio ambiente, população, saúde, turismo, trabalho e emprego, transporte e mobilidade, interseccionando saberes para compreender a realidade e propor transformações.

Sabemos que os temas raciais selecionados para serem explorados nesta obra não esgotam, em hipótese alguma, as discussões sobre o racismo no Brasil, mas esperamos que eles colaborem com o labor de professores, encorajando-os ao diálogo e à postura antirracista enquanto importantes agentes de engajamento da comunidade escolar.

Karla Patrícia Oliveira-Esquerre

Sobre o projeto Ciência de Dados na Educação Pública

O projeto Ciência de Dados na Educação Pública (CDnaEP) é uma iniciativa interdisciplinar iniciada em 2020 com o propósito de apoiar a educação de estudantes do ensino fundamental II e médio em Salvador (BA). Originado como uma extensão do Projeto Meninas na Ciência de Dados, o CDnaEP adota uma abordagem flexível e dinâmica, realizando ajustes periódicos em suas ações a partir das experiências acumuladas pela equipe, das contribuições de novos integrantes e das transformações nas parcerias e nos recursos disponíveis. Além disso, o projeto valoriza a participação de coletivos estudantis e busca expandir continuamente suas redes de colaboração, ampliando sua atuação e impacto.

Com base em ciência de dados, inteligência artificial, práticas investigativas e na valorização do protagonismo racial e de gênero, o projeto tem como objetivo o desenvolvimento de habilidades críticas e cidadãs em jovens em situação de vulnerabilidade. Desde sua criação, o CDnaEP adapta suas estratégias pedagógicas para atender às necessidades específicas de cada comunidade escolar, promovendo um diálogo com as escolas parceiras. Esse processo de escuta ativa e colaboração permite adaptar e aprimorar suas metodologias e assegurar intervenções educativas eficazes no desenvolvimento acadêmico e social dos jovens.

A metodologia desenvolvida baseia-se em princípios que valorizam a integração entre teoria e prática, bem como a reflexão crítica, criando contextos educacionais que não apenas ensinam conteúdos, como também promovem práticas sociais e mobilizam os estudantes para ações conscientes e transformadoras, buscando engajá-los de maneira efetiva e significativa. O currículo das atividades formativas e informativas foi elaborado por uma equipe multidisciplinar, combinando conhecimentos locais com influências educacionais internacionais. As oficinas são interativas e práticas e utilizam uma abordagem holística que integra os sentidos e aspectos emocionais dos estudantes, explorando o tato, a visão e o movimento corporal, além de estratégias que evocam emoções e experiências pessoais.

Por meio de atividades práticas e lúdicas, os estudantes desenvolvem habilidades analíticas ao coletar dados em suas escolas ou comunidades, ao visualizá-los em gráficos e ao interpretar os resultados, além de aprimorar o pensamento crítico e matemático por meio de jogos educativos. Essa integração com a realidade dos participantes permite a aplicação de conceitos de estatística e ciência de dados a problemas cotidianos, como a análise de padrões de comportamento em redes sociais, promovendo uma compreensão contextualizada e relevante dos conteúdos aprendidos. A aproximação com os professores, facilitada por encontros e discussões, possibilita que eles se familiarizem com os conceitos básicos de ciência de dados e os incorporem em suas práticas de ensino, o que beneficia diretamente o desenvolvimento dos estudantes. O incentivo ao protagonismo e à colaboração promove a competência de trabalho em equipe, em que os estudantes aprendem a reconhecer, experimentar, discutir, debater e propor soluções de problemas de forma cooperativa, aplicando conceitos de ciência de dados de maneira prática.

A abordagem prática e interativa, aliada à contextualização dos conteúdos no cotidiano dos estudantes, é fundamental para engajá-los e facilitar a compreensão de conceitos complexos, enquanto a integração de diferentes níveis de ensino, por meio de atividades colaborativas entre estudantes universitários e escolares, fortalece a relação entre teoria e prática. As reflexões decorrentes do projeto destacam a importância de iniciativas educacionais que integram ciência de dados a práticas de justiça social, especialmente em contextos de vulnerabilidade.

A publicação do livro *Diversidade em sala de aula: por uma educação antirracista* é um marco importante na história do CDnaEP. Com sua escrita iniciada no primeiro ano do projeto e concluída nos anos seguintes, por meio de um processo contínuo de revisão e atualização dos conteúdos, a obra reafirma o compromisso das autoras com a promoção de uma educação transformadora e antirracista, destacando sua contribuição para uma sociedade mais justa e inclusiva.

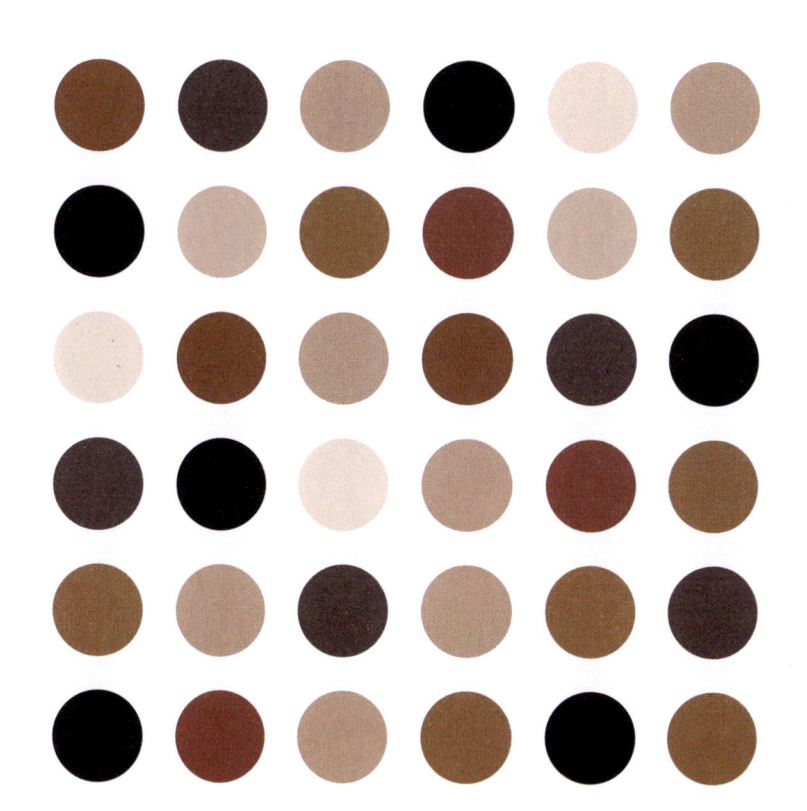

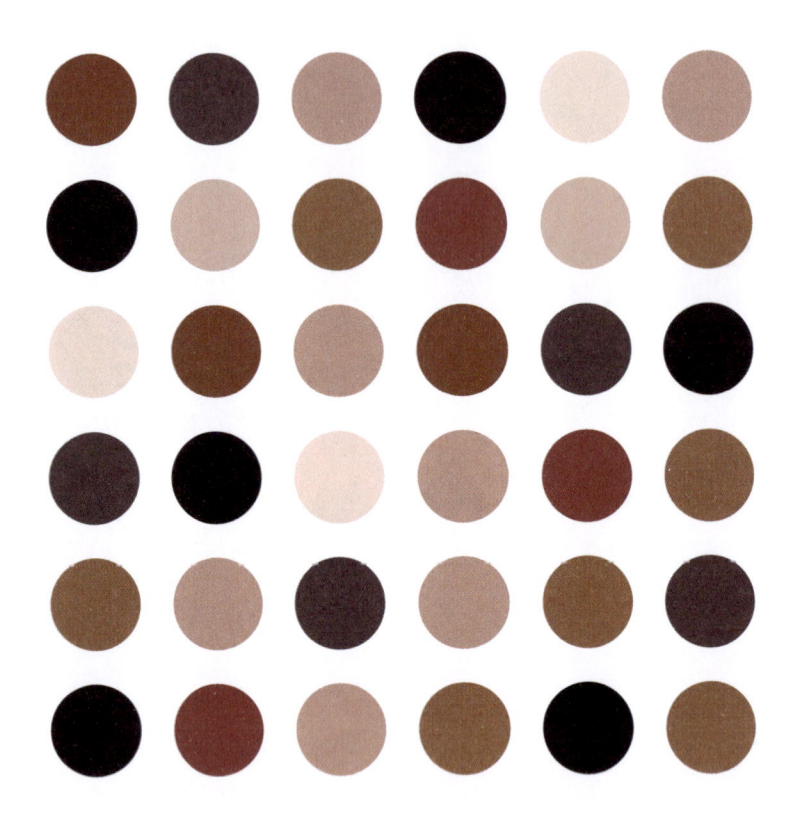

1

Mito da democracia racial

Docente, você já ouviu falar sobre o mito da democracia racial? Já pensou no Brasil como um país que mantém o racismo de forma velada? Para trazermos essas questões, é importante fazer um breve passeio pela história da nossa nação. Vamos nessa?

A Constituição Federal de 1824 já afirmava a igualdade de todos os brasileiros. Contudo, ainda que tal direito constasse na Carta Magna, a escravidão foi mantida com bases legais, teoricamente, até o final do século XIX, sob o nome de "direito de propriedade". Sabemos que, na prática, a opressão contra pessoas negras continua até hoje. Porém, era regra de etiqueta silenciar sobre a cor das pessoas em situações formais de "igualdade". Assim, o mito da democracia racial e a ideologia do embranquecimento eram anseios sociais historicamente instituídos para apagar a herança africana. Ainda nesse sentido, as representações sociais construídas sobre os negros estão sempre apontando para um lugar de inferioridade ratificado pelas elites. A nação brasileira, que deveria comportar todos os cidadãos, teve como meta para o século XX o branqueamento progressivo dos negros e criou políticas para a "diluição" dessa raça, promovendo assim a imigração europeia.

Com a proibição do tráfico de pessoas escravizadas, na segunda metade do século XIX, o governo brasileiro começa a pensar em um projeto de embranquecimento da população. Isso significava uma espécie de "apagamento" da raça negra por meio do incentivo à imigração de europeus e do casamento inter-racial. Ao passo que a Lei Áurea representou a libertação formal de pessoas escravizadas no Brasil, ela não garantiu a incorporação do negro como cidadão, pois a mentalidade da população não se alterou, o negro continuou a ser visto de modo objetificado e com estigmas negativos. O escravizado, formalmente liberto, mas sem espaço para trabalhar como homem livre, viu-se sem perspectivas, abandonado à própria sorte, ratificando sua condição na camada marginalizada da sociedade.

Constituição brasileira afirma igualdade entre todos os brasileiros — 1824

Lei Eusébio de Queirós proíbe o tráfico de escravizados — 1850

Incentivo da imigração europeia para o Brasil como tentativa de embranquecimento da população

Abolição da escravatura — 1888

População negra marginalizada e em situação de vulnerabilidade

Ideia da democracia racial

Lei nº 7.716, de combate ao racismo (Lei Caó)

Lei nº 10.639 torna obrigatória a inclusão da temática história e cultura afro-brasileira no currículo oficial da rede de ensino — 1989

2003

Lei nº 12.288 Estatuto da Igualdade Racial

2010

LUTA CONTRA OS MAIS DIVERSOS TIPOS DE RACISMO

FIGURA 1.1 – LINHA DO TEMPO DO PROCESSO DE COMBATE AO RACISMO, INFOGRÁFICO DE DANDARA MELO CORREIA

No início do século XX, o conceito de democracia racial foi se construindo e se consolidando no imaginário brasileiro, graças a uma ideia de que o racismo havia acabado. Aliado a isso, surgia o entendimento de que a sociedade vivia um processo de igualdade e respeito entre as pessoas. Nesse contexto, criou-se um imaginário de que o Brasil era (e muitos acreditam que ainda é) um país sem qualquer tipo de barreiras impostas pela cor da pele. Sendo assim, todos os cidadãos teriam as mesmas oportunidades de ascensão social e de participação em todos os espaços sociais. Ao invés de estabelecer condições de equidade, negando as disparidades raciais, mascarou-se o racismo e avolumaram-se as desigualdades sociais.

Para o antropólogo congolês Kabengele Munanga, o mito da democracia racial, no Brasil, não possibilitou discussões nacionais sobre políticas de "ação afirmativa". Da mesma forma, o mito do sincretismo cultural ou da cultura mestiça (nacional) atrasou o debate nacional sobre a implantação do multiculturalismo no sistema educacional brasileiro (Munanga, 2004, p. 11). A elite branca pensou o mito da democracia racial baseando-se em casos esporádicos de ascensão social de pessoas miscigenadas, que, para tanto, negavam a ancestralidade africana.

Pessoas negras

Barreiras impostas pela cor

FOME. ABUSOS. NEGLIGÊNCIA.

INTOLERÂNCIA RELIGIOSA. OBJETIFICAÇÃO.

MARGINALIZAÇÃO. DESEMPREGO.

SOLIDÃO. INJUSTIÇA. DESIGUALDADE. INVISIBILIZAÇÃO.

RACISMO. VIOLÊNCIA POLICIAL. NECROPOLÍTICA.

VIOLÊNCIA OBSTÉTRICA. VIOLÊNCIA PSICOLÓGICA.

FIGURA 1.2 – BARREIRAS IMPOSTAS PELA COR DA PELE

Sem dúvida, a escravidão foi cruel e deixou marcas na sociedade brasileira. Ainda hoje, os negros fazem parte das camadas mais pobres da população, continuam marginalizados, sofrem com o racismo na terra da "democracia racial", lutam contra as dificuldades de inclusão em espaços como a universidade; estão nas estatísticas de menor renda, de escolaridade, de violência. O processo de escravização, portanto, fornece uma chave importante para a compreensão dos problemas sociais, econômicos, demográficos e culturais ainda existentes, principalmente nos espaços produtores de saber, como as escolas, que reforçam o valor atribuído à branquitude e ao discurso dominante, excluindo estudantes negros ou fazendo com que eles se utilizem do "racismo cordial" para escapar do estigma negativo relegado ao negro pela sociedade.

COLOCANDO EM PRÁTICA

1. QUAL O OBJETIVO DE DISCUTIR COM OS ESTUDANTES O MITO DA DEMOCRACIA RACIAL?

A escola é um espaço social heterogêneo, pois lida com diversidades identitárias e atua na formação cidadã, muito embora seja, também, local de reprodução de muitos preconceitos. Isso porque, enquanto instituição, não consegue, muitas vezes, reconhecer ou lidar com situações de racismo, não oportunizando debates sobre a condição social do negro, ou, ainda, ratificando a ideia de democracia racial. Sendo assim, o objetivo dessa discussão é, de fato, promover uma desmistificação das relações raciais no Brasil, contribuindo não só para uma reflexão sobre a condição social a que o negro foi relegado, como também para minimizar contextos de racismo em ambiente escolar.

2. AO TRAZER ESSA DISCUSSÃO PARA A SALA DE AULA, O QUE SE ESPERA DOS ESTUDANTES?

Ao discutir o mito da democracia racial e outros conteúdos pertinentes a esse contexto, é esperado que os estudantes reflitam sobre a depreciação, a negativização e a estereotipação do negro como instrumentos eficazes de dominação e coerção de um povo. Ademais, é importantíssimo que os estudantes compreendam os recursos largamente utilizados para a definição de fronteiras impermeáveis, que subjugaram pessoas com base em características físicas, sociais e intelectuais, sob a égide de raça, justificando uma suposta inferioridade do negro em relação ao branco e fazendo com que a escravidão ratificasse as relações de poder.

Muitas foram as tentativas de apagamento da cultura africana, como a conversão das pessoas escravizadas ao catolicismo, a proibição do culto aos orixás e, ainda hoje, uma grande intolerância religiosa e étnica. Nesse sentido, é possível dizer que a escravização, apesar de ter sido abolida no Brasil no final do século XIX, ainda influi diretamente na determinação de interesses e nas relações de poder. Devido à carência de políticas de inclusão social, o negro escravizado da senzala vive nas favelas e engrossa as estatísticas de fome, desemprego e violência. Espera-se, portanto, que tanto professores quanto estudantes sejam vetores de transformação e de desconstrução de estereótipos reproduzidos secularmente pela sociedade e pela escola, que continuam oprimindo e reforçando as relações de poder.

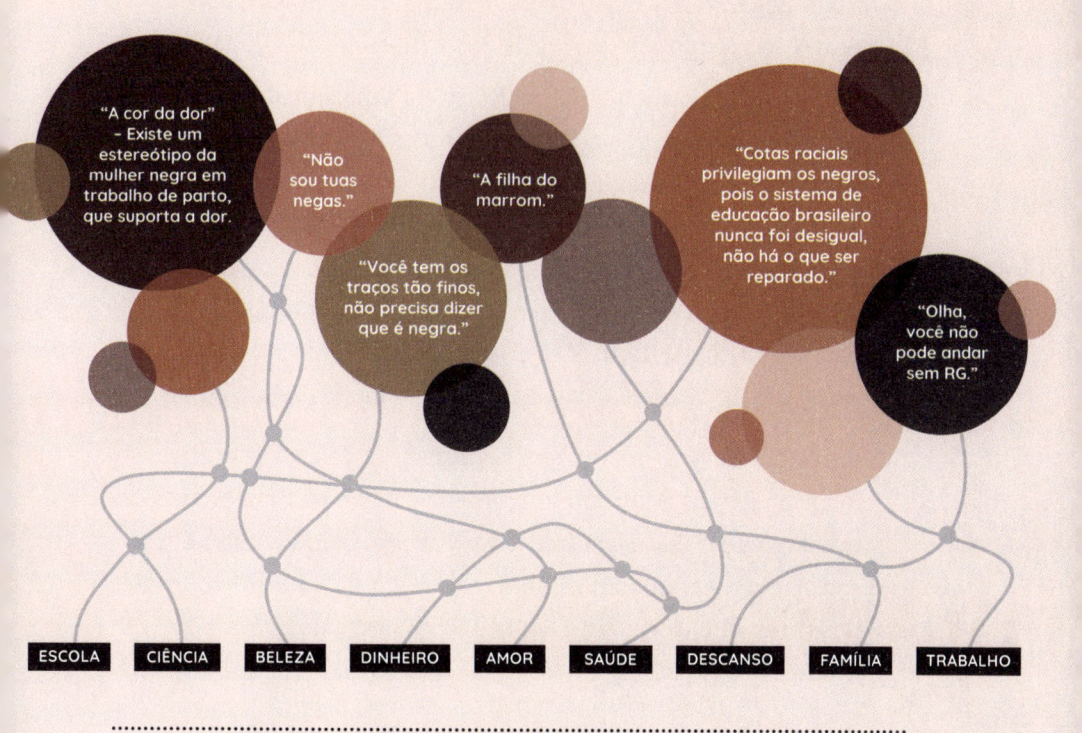

FIGURA 1.3 - CONSEQUÊNCIAS DA ESCRAVIZAÇÃO/IMPACTO DO RACISMO NO DIA A DIA DE PESSOAS NEGRAS

Fontes: Amorim (2022), Coutinho (2020) e Machado (2021).

3. COMO TRABALHAR O TEMA EM SALA DE AULA?

A seguir, sugerimos alguns eixos para reflexão:

- Após mais de 130 anos da abolição da escravatura em nosso país, em quais instâncias sociais a igualdade entre negros e brancos foi alcançada? Na educação? No mercado de trabalho? Nas condições de moradia? No acesso a bens culturais? Na distribuição de renda? Por isso, é tão importante desmistificar as relações raciais, contribuindo, inclusive, para a reflexão sobre a condição social a que o negro foi relegado no Brasil e para a proposição de combate ao racismo em nível local e global.

- O mito da democracia racial se relaciona à invisibilidade de personagens negros, elementos e espaços históricos que fazem referência à memória coletiva da escravização massiva de populações africanas. É possível citar: 1) A inexistência de referências aos locais onde havia mercados de pessoas ou pelourinhos; 2) As homenagens prestadas a figuras históricas envolvidas com o tráfico de pessoas, a exemplo de monumentos e do batismo de escolas, ruas e praças em nome dessas figuras.

  Em Salvador (BA), o português e traficante de pessoas cativas Joaquim Pereira Marinho foi homenageado com uma escultura no Largo de Nazaré (em frente ao Hospital Santa Izabel). Outro traficante do século XVIII homenageado foi Teodósio Rodrigues de Farias, cujo corpo está enterrado na Igreja do Senhor do Bonfim (Costa, 2020).

  Estátuas como essa existem em diferentes países e sua presença nas praças públicas é controversa. Em alguns locais, as esculturas foram transferidas para museus e substituídas a céu aberto por figuras históricas que protagonizaram movimentos em favor da emancipação política. Na Inglaterra, isso ocorreu com uma estátua que existia no porto de Bristol e que representava Edward Colston, traficante de pessoas e membro de uma família escravocrata. Em Londres, a escultura em homenagem ao traficante de pessoas Robert Milligan foi removida. Outra ação política consiste em adicionar a esses monumentos placas explicativas sobre o passado escravocrata das personagens, o que contribui para a reflexão sobre seu papel na história e na memória da cidade (Costa, 2020).

FIGURA 1.4 – ELEVADOR LACERDA

O Elevador Lacerda, em Salvador, era chamado, até o fim do século XIX, de Elevador da Conceição (como a igreja que está próxima a ele). Entretanto, foi renomeado em homenagem ao seu idealizador, Antônio de Lacerda, e à sua família, que atuou no comércio ilegal de negros escravizados.

PENSANDO VOCÁBULOS

Reflita com a turma os seguintes vocábulos: *mito, democracia, diversidade* e *identidade*, a fim de compreender como tais conceitos impactam nas construções sociais excludentes e includentes.

VOCÊ SABIA?

Machado de Assis (1839-1908), um dos maiores escritores do Brasil, era negro. Entretanto, pela posição social ocupada por ele, sendo, inclusive, a cadeira número 1 da Academia Brasileira de Letras, sua origem foi silenciada socialmente para evitar qualquer tipo de constrangimento. Assim, aos negros que galgavam posição social, atribuía-se a ideia de que era "negro com alma branca".

O mito da democracia racial ficou bastante conhecido graças à obra *Casa-grande & senzala: formação da família brasileira sob o regime da economia patriarcal* (1933), de Gilberto Freyre, a qual colocava dois fatos históricos como primordiais para o estabelecimento de uma nação igualitária entre brancos e negros: a abolição da escravatura e a Proclamação da República.

Sugerimos as seguintes leituras para ampliar o entendimento sobre o mito da democracia racial e outros assuntos correlatos:

- "Ação afirmativa e a rediscussão do mito da democracia racial no Brasil", artigo de Joaze Bernardino, publicado em *Estudos Afro-Asiáticos* (Rio de Janeiro, v. 24, n. 2, 2002).

- *Casa-grande & senzala: formação da família brasileira sob o regime da economia patriarcal*, de Gilberto Freyre (São Paulo: Global, 2006).

- "Democracia racial", artigo de Antonio Sérgio Alfredo Guimarães, publicado em *Cadernos Penesb* (Niterói, n. 4, 2002).

- "Racismo e república: o debate sobre o branqueamento e a discriminação racial no Brasil", texto de Luciana Jaccoud, publicado em *As políticas públicas e a desigualdade racial no Brasil 120 anos após a abolição*, organizado por Mário Teodoro (Brasília: Ipea, 2008).

- "Uma nova pedagogia racial?", artigo de Yvonne Maggie, publicado em *Revista USP* (São Paulo, n. 68, dez./fev. 2005-2006).

- *Superando o racismo na escola*, obra organizada por Kabengele Munanga (Brasília: MEC/Secad, 2005).

- "Políticas de ação afirmativa em benefício da população negra no Brasil: um ponto de vista em defesa de cotas", artigo de Kabengele Munanga, publicado em *Sociedade e Cultura* (v. 4, n. 2, 2001).

- "Uma abordagem conceitual das noções de raça, racismo, identidade e etnia", texto de Kabengele Munanga, publicado em *Programa de educação sobre o negro na sociedade brasileira*, obra organizada por André Augusto P. Brandão (Niterói: Eduff, 2004).

- "Mito e valor da democracia racial", texto de Fábio Wanderley Reis, publicado em *Multiculturalismo e racismo: uma comparação Brasil – Estados Unidos*, obra organizada por Jessé Souza (Brasília: Paralelo 15, 1997).

- *O espetáculo das raças: cientistas, instituições e questão racial no Brasil 1870-1930*, de Lilia Moritz Schwarcz (São Paulo: Companhia das Letras, 1993).

SUGESTÕES DE VÍDEOS

Canal Preto

O Canal Preto promove o empoderamento da pessoa preta por meio de informação, debates e reflexões. Ao apresentar histórias e vivências cotidianas diversas, são expostos os apagamentos promovidos pelo racismo nos mais diversos âmbitos no Brasil.

Disponível em: https://www.youtube.com/channel/UCklJw4VffxmmEgH3lvlLyJQ. Acesso em: 29 jul. 2024.

"Entenda o mito da democracia racial" – *Canal Preto* (2019)

O vídeo publicado pelo Canal Preto explica como a ideia da existência de harmonia racial no Brasil serve para esconder as desigualdades e o racismo estrutural que afetam principalmente a população negra. A análise critica essa narrativa, mostrando como ela perpetua o racismo em várias esferas sociais, como educação e trabalho.

Disponível em: https://www.youtube.com/watch?v=d775DrTs-gqM. Acesso em: 29 jul. 2024.

CONHEÇA TAMBÉM

Revista Afirmativa

A *Revista Afirmativa* nos convida a quebrar os estereótipos racistas, machistas e heteronormativos que sustentam uma mídia elitista e segregadora. A partir de temas emergentes, a publicação é um convite à reflexão e a visibilização de resistências negras.

Disponível em: https://www.instagram.com/revistaafirmativa/. Acesso em: 29 jul. 2024.

Referências

AMORIM, Gabriela. Qual o impacto do racismo no acesso da população negra à saúde? **Brasil de Fato**, 6 jul. 2024. Disponível em: https://www.brasildefato.com.br/2022/07/06/qual-o-impacto-do-racismo-no-acesso-da-populacao-negra-a-saude. Acesso em: 7 ago. 2024.

COSTA, Camila. Quem foi Joaquim Pereira Marinho, o traficante de escravos que virou estátua na capital mais negra do Brasil. **BBC News Brasil**, 12 jun. 2020. Disponível em: https://noticias.uol.com.br/ultimas-noticias/bbc/2020/06/12/quem-foi-joaquim-pereira-marinho-traficante-de-escravos-que-virou-estatua-na-capital-mais-negra-do-brasil.htm. Acesso em: 29 jul. 2024.

COUTINHO, Renata. Sobre ser "a filha do marrom". **Carta Capital**, 2 set. 2020. Disponível em: https://www.cartacapital.com.br/opiniao/sobre-ser-a-filha-do-marrom/. Acesso em: 7 ago. 2024.

MACHADO, Rafael. Por que as mulheres negras têm mais risco de sofrer violência obstétrica? **Drauzio Varella**, 17 set. 2021. Disponível em: https://drauziovarella.uol.com.br/mulher/por-que-as-mulheres-negras-tem-mais-risco-de-sofrer-violencia-obstetrica/. Acesso em: 7 ago. 2024.

MUNANGA, Kabengele. Uma abordagem conceitual das noções de raça, racismo, identidade e etnia. *In*: BRANDÃO, A. (org.). **Programa de educação sobre o negro na sociedade brasileira**. Niterói: Eduff, 2004.

2

Colorismo e branquitude

Docente, certamente, você já escutou expressões como "moreno" ("claro" ou "escuro", "cabo verde"), "cor do pecado", "chocolate", "café com leite", entre tantas outras nomenclaturas para se referir à cor da pele, não é mesmo? Neste capítulo, vamos pensar as estratégias de embranquecimento da população negra secularmente utilizadas pela elite dominante branca brasileira.

Quando os portugueses subjugaram os africanos, implementando uma política de dominação territorial e sexual no Brasil, mulheres negras foram estupradas e condenadas a se deitar com homens brancos escravocratas ou ainda induzidas a acreditar que essa era a melhor saída para o apagamento das negativações atribuídas à sua cor. Assim, os processos de embranquecimento e de branqueamento eram incentivados como estratégias perversas de manutenção da hegemonia da elite branca.

Segundo a professora e pesquisadora Maria Aparecida Bento (2002), as estratégias de braqueamento e embranquecimento, inventadas e mantidas por uma elite branca, são eficazes para potencializar o racismo brasileiro. Assim, o branco (ainda) é entendido como modelo universal de humanidade, alvo da inveja e do desejo dos outros grupos raciais não brancos (negros e indígenas), que são encarados como menos humanos. Teoricamente, o negro, descontente e desconfortável com sua condição de negro, procura identificar-se como branco, miscigenar-se com ele para "diluir" suas características raciais.

Desse modo, deu-se o estímulo às sucessivas relações inter-raciais, com o propósito de promover um embranquecimento da população brasileira por meio da "diluição" da negritude pelo casamento com uma pessoa branca. Assim, a geração parental seguinte seria menos negra (tendência também esperada para os futuros membros da família).

Todo esse processo estava baseado (e ainda se baseia) no silenciamento do negro e na ideia distorcida sobre o lugar que o branco ocupou (e ocupa), de fato, nas relações raciais brasileiras. A identidade nacional brasileira e a hierarquização de gênero e raça foram forjadas no estupro colonial promovido pelos senhores brancos, no entanto, essa barbárie sexual é rejeitada, erotizada e romantizada. De um lado, silencia-se a mulher e conta-se a história a partir do homem; por outro, silenciam-se as classes dominadas pelo discurso das dominantes. Ainda no pós-abolição, as mulheres negras, por exemplo, não galgaram mobilidade social, permanecendo no limbo colonial.

Assim, as ofertas de emprego giravam em torno dos mesmos trabalhos coloniais (mucama, dama de companhia, ama de leite, prostituta – o que quer que a estereotipação hipersexualizante proporcionasse), os quais, geralmente, autorizavam o patrão branco ao estupro do corpo da mulher negra, enquanto o país alimentava a política de imigração europeia para embranquecer a nação.

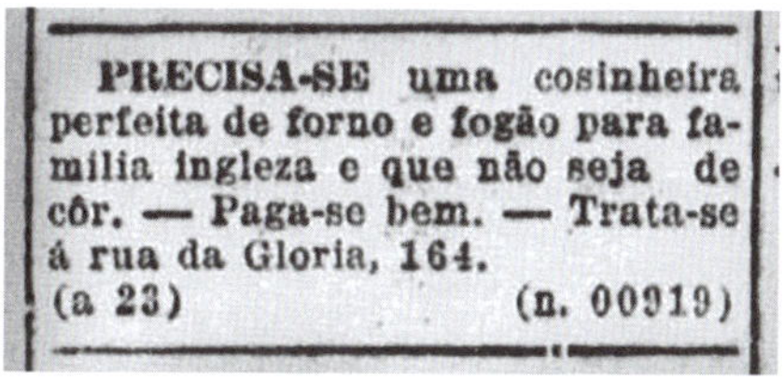

PRECISA-SE uma cosinheira perfeita de forno e fogão para familia ingleza e que não seja de côr. — Paga-se bem. — Trata-se á rua da Gloria, 164.
(a 23) (n. 00919)

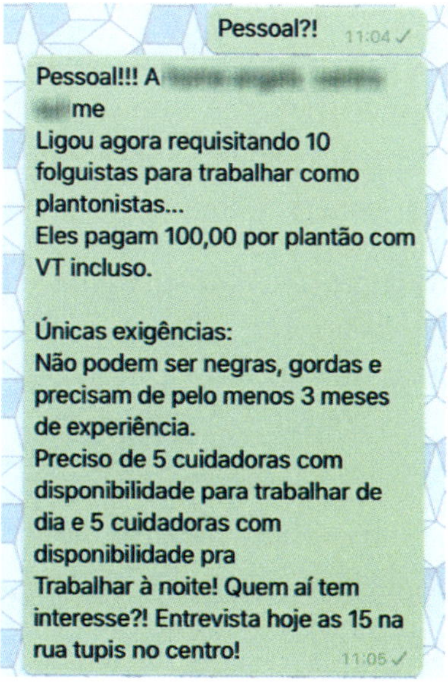

FIGURA 2.1 – O RACISMO ONTEM E HOJE

Anúncio de emprego para cozinheira em São Paulo em 1924 e para cuidadora de idosos em Belo Horizonte em 2019.

Fonte: Biblioteca Nacional Digital e reprodução (Westin, 2020).

Desse modo, a concepção racista e segregacionista foi normalizada nas ações cotidianas do brasileiro, e o discurso de branqueamento da população arraigado como a "salvação" da sociedade brasileira. Nesse contexto, a hipersexualização da mulher negra a distanciou do perfil de mulher "para casar", o que a relegou a um contexto de solidão e constante abuso de seu corpo. Afinal, esse corpo não foi legitimado para constituir família com um homem branco.

O Brasil inseriu a categoria mulato, para designar quem é originário do branco e do negro. Tal nomenclatura traz a questão das identidades cromáticas, tão ratificadas no país para destituir o negro e instituir cores que clareiem ou fujam da raça. Assim, fragmenta-se a identidade, enfraquecendo política e ideologicamente o grupo. Ainda sobre a questão das mulheres negras, as de tez mais escura são menos valorizadas; quando clareadas, tornam-se objetos sexuais. As imagens construídas acerca das mulheres "de cor" (em uma perspectiva colorista) constituíram formas de violência e de exploração sexual e da força de trabalho.

A concepção colorista é muito comum em países que sofreram processos de escravização e reforça a ideia de que a pigmentação da pele é determinante para processos de exclusão e discriminação. Para a escritora paulista Aline Djokic (2015), no colorismo, a tonalidade da pele é decisiva para estabelecer o tratamento social que o sujeito receberá. Se, no racismo, a identificação da pessoa é pela raça; no colorismo ou pigmentocracia, a orientação é pela cor da pele.

Ainda que, no exterior, a imagem do Brasil seja a de um país com predominância de pessoas negras, são diversos os artifícios que tentam esconder ou negar a ascendência negra, a exemplo da atribuição de designações como morena (clara e escura), mulata, chocolate, café com leite, canela e outras. Ou seja, pessoas se transformam em produto exportável para quem busca o "exótico".

Além da cor da pele, o Brasil se orienta também por traços fenotípicos, como o formato do nariz e o tipo de cabelo, para barrar o acesso de pessoas aos seus direitos. Assim, quanto mais clara for a tonalidade da pele, ainda que a pessoa seja lida socialmente como negra, é tolerável aceitá-la em determinadas situações sociais. Como bem aponta Aline Djockic (2015), isso sinaliza para o fato de a branquitude garantir a sobrevivência de pessoas negras que acabam buscando uma aproximação com o padrão branco, por exemplo, através do alisamento de cabelo.

Para a pesquisadora Cláudia Cardoso (2012, p. 90):

> O legado do colonialismo continua a movimentar as engrenagens dos novos modelos econômico e político, a disseminar normas de controle social com incidência, fundamentalmente, sobre os corpos racialmente inferiorizados, principalmente as mulheres, mas seus efeitos também são perceptíveis em nossas mentes, revelando-se, muitas vezes, em nossas produções teóricas e ações políticas.

FIGURA 2.2 – BUSCA PELO PADRÃO BRANCO: PRÁTICAS QUE SE RETROALIMENTAM

Sabe-se que o poder é construído com base em matrizes de dominação e exploração, constituindo uma estrutura de controle poderosa, de modo a conseguir manter uma hierarquização e uma estagnação social. Para tanto, foi normalizada a ideia de que havia uma inferiorização intrínseca ao dominado, ao qual era destinado o lugar que o dominante considerasse adequado: "é o natural para eles, tendo em vista que não são vítimas do sistema, mas são menos capazes intelectualmente ou não possuem alma ou precisam passar pelo sofrimento para evoluírem", entre outros discursos enganadores que foram e ainda são usados para normalizar violências e opressões.

Na visão eurocêntrica, disseminada no Brasil com a chegada dos portugueses, o europeu/branco/colonizador/dominador/desenvolvido se opunha ao primitivo/não europeu/dominado/inferior. Com base nessas categorizações, foram estabelecidos os locais sociais destinados a cada grupo, privilegiando os brancos.

COLOCANDO EM PRÁTICA

1. QUAL O OBJETIVO DE DISCUTIR COM OS ESTUDANTES O COLORISMO E A BRANQUITUDE?

O objetivo deste capítulo é discutir como foram forjados os processos de embranquecimento, branqueamento e colorismo no Brasil, a fim de ratificar os mecanismos do racismo. Dessa maneira, intenta-se que o docente reflita tanto sobre sua condição racial, sua autoidentificação, bem como propicie aos estudantes essa reflexão.

2. AO TRAZER ESSA DISCUSSÃO PARA A SALA DE AULA, O QUE SE ESPERA DOS ESTUDANTES?

Ao discutirmos o processo de embranquecimento da população brasileira e de como o colorismo está presente nas relações sociais, é importante explorar como o fenômeno impregna ideias e atitudes em nosso cotidiano. Espera-se que o estudante negro reflita sobre contextos em que precisou embranquecer para ser aceito socialmente; que o estudante branco reflita sobre o seu lugar de privilégio; e que todos reflitam sobre como podem subverter as bases opressoras e perversas do racismo.

3. **COMO TRABALHAR O TEMA EM SALA DE AULA?**

Algumas propostas de como o tema pode ser trabalhado com os estudantes:

- Antes de iniciar a discussão, mostre aos estudantes a obra *Operários* (1933), da artista brasileira Tarsila do Amaral (1886-1973), e peça a eles que identifiquem as cores e raças das pessoas representadas na tela.

  Interseccionando raça e classe social, a obra em questão ilustra o processo de industrialização do estado de São Paulo e a diversidade étnica dos migrantes de várias regiões do Brasil e do mundo que chegavam para trabalhar nas fábricas paulistas do início do século XX. Cada trabalhador é retratado de forma singular, mas simultaneamente eles compartilham um caráter coletivo de classe, transmitindo ao observador uma sensação de tristeza, indiferença e exaustão. Esses sentimentos refletem as adversas condições de trabalho enfrentadas pelos operários, ao mesmo tempo que evocam a falta de esperança que prevalecia em um contexto de opressão da época. Por fim, incentive os estudantes a refletir sobre o processo de mestiçagem e a migração no Brasil no contexto da industrialização.

- Trabalhar o tema partindo de dados fornecidos pelo Instituto Brasileiro de Geografia e Estatística (IBGE) é também uma estratégia que possibilita ao estudante visualizar, de certa forma, as matrizes coloristas no Brasil. O IBGE propõe o censo baseado na autodeclaração ou autoclassificação, o que significa que as pessoas são perguntadas sobre a sua cor e devem responder uma das seguintes opções: branca, preta, parda, indígena ou amarela. Os dados do Censo Demográfico 2022 do IBGE revelaram que: 43,5% dos brasileiros se declararam como brancos, 45,3% como pardos, 10,2% como pretos e 1% como amarelos ou indígenas.

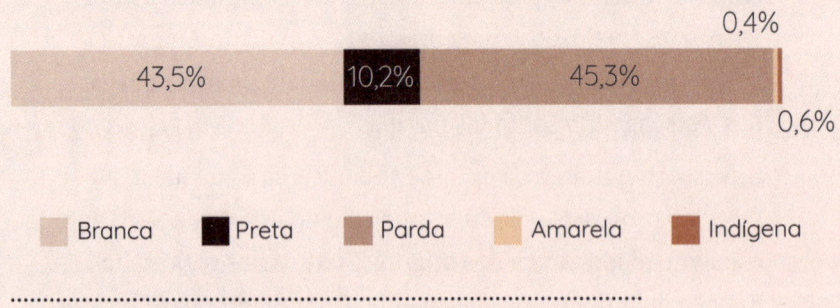

FIGURA 2.3 – POPULAÇÃO RESIDENTE NO BRASIL, POR COR OU RAÇA (CENSO DEMOGRÁFICO IBGE 2022).

Fonte: Belandi e Gomes (2024).

Essas designações são utilizadas desde 1991, e anteriormente a classificação se dava por cor ou raça divididas nas categorias: branco, pardo, preto e caboclo. Atualmente, a grande discussão é em torno da categoria pardo, uma vez que ela não deveria constituir classificação de cor nem raça, pois apenas reforça aspectos coloristas do Brasil. Este é um ponto de diálogo interessante com os estudantes, refletindo acerca do porquê de a população brasileira se identificar mais com essa categoria.

Reflita com a turma o uso de nomenclaturas "embranquecedoras" e coloristas: *moreno, moreno claro, moreno escuro, moreno cabo verde, mulato, chocolate, azulado, café com leite, amanteigado*, entre tantas outras designações para não se declarar negro.

Grandes personalidades das mais diversas áreas do conhecimento passaram por um processo de embranquecimento, como o célebre escritor de *Dom Casmurro* (1899) e *Memórias póstumas de Brás Cubas* (1881), Machado de Assis, no Brasil, e, na França, o magnífico escritor de *Os três mosqueteiros* (1844) e *O conde de Monte Cristo* (1846), Alexandre Dumas (1802-1870), por exemplo.

Por mais de um século, o racismo no Brasil escondeu a verdadeira identidade de Machado de Assis. O escritor foi retratado em pinturas como um homem branco, uma representação que persiste em suas obras e em livros didáticos sobre o autor até hoje.

Em 2011, a figura de Machado de Assis foi novamente alvo do colorismo. A Caixa Econômica Federal lançou uma campanha publicitária criada em homenagem aos 150 anos da instituição na qual o escritor era interpretado por um ator branco. A peça publicitária foi alvo de críticas na internet e de uma queixa formal em setembro daquele ano junto à Secretaria de Políticas de Promoção da Igualdade Racial da Presidência da República (SEPPIR-PR). O banco foi obrigado a suspender a sua veiculação em seguida (G1, 2011).

Em 2019, a Faculdade Zumbi dos Palmares lançou o movimento Machado de Assis Real, cuja proposta era incentivar os leitores a imprimir um retrato em que Machado aparece com a pele negra para substituir as fotos antigas do autor em seus livros.

Sugerimos as seguintes leituras para ampliar o entendimento sobre colorismo, branqueamento e branquitude:

- "Branqueamento e branquitude no Brasil", texto de Maria Aparecida Bento, publicado em *Psicologia social do racismo: estudos sobre branquitude e branqueamento no Brasil*, obra organizada por Iray Carone e Maria Aparecida Bento (Petrópolis: Vozes, 2002).

- "Embranquecimento e colorismo: estratégias históricas e institucionais do racismo brasileiro", texto de Joice Berth, publicado em *Portal Geledés* (1º jun. 2018). Disponível em: https://www.geledes.org.br/embranquecimento-e-colorismo-estrategias-historicas-e-institucionais-do-racismo-brasileiro/. Acesso em: 29 jul. 2024.

- *Características étnico-raciais da população: classificações e identidades*, obra organizada por José Luis Petruccelli e Ana Lucia Saboia (Rio de Janeiro: IBGE, 2013 – Estudos e Análises: Informação Demográfica e Socioeconômica 2). Disponível em: https://biblioteca.ibge.gov.br/visualizacao/livros/liv63405.pdf. Acesso em: 30 jul. 2024.

- *Entre o "encardido", o "branco" e o "branquíssimo": raça, hierarquia e poder na construção da branquitude paulistana*, tese de doutorado em psicologia de Lia Vainer Schucman (Instituto de Psicologia, Universidade de São Paulo, São Paulo, 2012).

- "Ideologia do embranquecimento", texto de Ana Célia da Silva, publicado em *Identidade negra e educação*, obra organizada por Marco Aurélio Luz (Salvador: Ianamá, 1989).
- "Branqueamento e branquitude: conceitos básicos na formação para a alteridade", texto de Ana Célia da Silva, publicado em *Memória e formação de professores*, obra organizada por Antônio Dias Nascimento e Tânia Maria Hetkowski (Salvador: Edufba, 2007). Disponível em: https://books.scielo.org/id/f5jk5. Acesso em: 2 ago. 2024.

SUGESTÃO DE VÍDEO

"A Rainha do Carnaval considerada 'negra demais'"
– *The Guardian* (2016)

O documentário *Too black for Brazil* ["Negra demais para o Brasil", em tradução livre], produzido pelo jornal inglês *The Guardian*, trata do caso de Nayara Justino. Mulher negra de pele retinta, Justino havia sido selecionada para ser a Globeleza 2013, mas, após sofrer públicos ataques racistas, foi substituída por Érika Moura, cuja tez era mais clara.

Disponível em: https://www.youtube.com/watch?v=S0ODz9aIQ_k. Acesso em: 2 ago. 2024.

Docente, após assistir ao vídeo, aproveite para ler o texto "A Mulata Globeleza: um manifesto" (2016), de Stephanie Ribeiro e Djamila Ribeiro, que trata da temática da Globeleza.

Disponível em: https://www.geledes.org.br/a-mulata-globeleza-um-manifesto/. Acesso em: 5 ago. 2024.

CONHEÇA TAMBÉM

Projeto Humanae

A artista brasileira Angélica Dass, em seu projeto Humanae, tem catalogado retratos representando o espectro da pele humana, buscando documentar a diversidade de tons na humanidade e desafiando nossas percepções sobre cor da pele e raça.

Visite os perfis do Instagram: @humanae_project e @angelicadass

"O que é ser negra(o) de pele clara?" – Flor dos Palmares (2019)

Confira a reflexão sobre o colorismo no Brasil publicada pelo perfil Flor dos Palmares, no Instagram.

Disponível em: https://www.instagram.com/p/B1w9rm2JSTg/?img_index=1. Acesso em: 21 out. 2024.

Visite o perfil do Instagram: @flordospalmares

Referências

BELANDI, Caio; GOMES, Irene. Censo 2022: pela primeira vez, desde 1991, a maior parte da população do Brasil se declara parda. **Agência IBGE Notícias**, 26 jan. 2024. Disponível em: https://agenciadenoticias.ibge.gov.br/agencia-noticias/2012-agencia-de-noticias/noticias/38719-censo-2022-pela-primeira-vez-desde-1991-a-maior-parte-da-populacao-do-brasil-se-declara-parda. Acesso em: 16 ago. 2024.

BENTO, Maria Aparecida. Branqueamento e branquitude no Brasil. *In*: CARONE, Iray; BENTO, Maria Aparecida (org.). **Psicologia social do racismo**: estudos sobre branquitude e branqueamento no Brasil. Petrópolis: Vozes, 2002.

CARDOSO, Cláudia Pons. Descolonizando o feminismo. *In*: CARDOSO, Cláudia Pons. **Outras falas**: feminismos na perspectiva de mulheres negras brasileiras. 2012. Tese (Doutorado) – Faculdade de Filosofia e Ciências Humanas, Universidade Federal da Bahia, Salvador, 2012.

CEF – Machado de Assis ficou branco. 2011. 1 vídeo (1 min). Publicado por Zanini H. Disponível em: https://www.youtube.com/watch?v=10P8fZ5I1Wk. Acesso em: 5 ago. 2024.

DJOCKIC, Aline. Colorismo: o que é e como funciona. **Portal Geledés**, 26 fev. 2015. Disponível em: https://www.geledes.org.br/colorismo-o-que-e-como-funciona/. Acesso em: 5 ago. 2024.

G1. Caixa tira do ar propaganda que mostra Machado de Assis branco. **G1**, 21 set. 2011. Disponível em: http://g1.globo.com/economia/negocios/noticia/2011/09/caixa-tira-do-ar-progaganda-que-mostra-machado-de-assisbranco.html. Acesso em: 5 ago. 2024.

UNIVERSIDADE ZUMBI DOS PALMARES. Machado de Assis real. **Universidade Zumbi dos Palmares**, [*s. d.*]. Disponível em: https://zumbidospalmares.edu.br/projetos/machado-de-assis-real/. Acesso em: 5 ago. 2024.

VEJA. Machado de Assis Real: campanha quer corrigir branqueamento do escritor. **Veja**, 2 maio 2019. Disponível em: https://veja.abril.com.br/blog/meus-livros/machado-de-assis-real-campanha-quer-corrigir-branqueamento-do-escritor/. Acesso em: 5 ago. 2024.

WESTIN, Ricardo. Negro continuará sendo oprimido enquanto o Brasil não se assumir racista, dizem especialistas. **Agência Senado**, 22 jun. 2020. https://www12.senado.leg.br/noticias/infomaterias/2020/06/negro-continuara-sendo-oprimido-enquanto-o-brasil-nao-se-assumir-racista-dizem-especialistas. Acesso em: 9 ago. 2024.

3

Interseccionalidade: raça, gênero e classe

Docente, você já pensou que as opressões exercidas pelas questões de gênero e de raça, por exemplo, não ocorrem de forma isolada, pois essas categorias opressivas são interseccionadas? A propósito, você sabe o que é interseccionalidade? Neste capítulo, vamos conhecer a origem do conceito e suas implicações.

É importante pensarmos a opressão humana a partir das classificações impostas, que servem perfeitamente ao intuito de subjugar, condenar e oprimir sujeitos por outros sujeitos que se colocam em posição de superioridade. Como Kabengele Munanga (2004, p. 2) nos aponta:

> Por que, então, classificar a diversidade humana em raças diferentes? A variabilidade humana é um fato empírico incontestável que, como tal, merece uma explicação científica. Os conceitos e as classificações servem de ferramentas para operacionalizar o pensamento. É neste sentido que o conceito de raça e a classificação da diversidade humana em raças teriam servido. Infelizmente, desembocaram numa operação de hierarquização que pavimentou o caminho do racialismo.

Ainda que classificar seja inerente ao ser humano, o ideal classificatório europeu servia ao propósito de colocar o outro como fora do padrão e, assim, de justificar mecanismos de escravização, de monopolização e de padronização de um ideal de superioridade, beleza e capacidade intelectual. Assim, Munanga (2004) critica o fato de a classificação humana ter se dado (inicialmente, já que, posteriormente, foram incorporadas questões morfológicas) pela cor da pele, característica determinada pela melanina, cujo percentual genético corresponde a 1%, ou seja, um componente genético mínimo foi utilizado como fator de segregação.

Para além dos determinantes impostos pela cor da pele, há também a opressão exercida pelo gênero. Por isso, a necessidade de criação de movimentos feministas que tenham como foco a mulher negra especificamente, uma vez que não se pode generalizar todas as mulheres como se suas opressões fossem as mesmas. É como tratar o que está preconizado na Constituição Federal de 1988, "todos são iguais perante a lei", como uma mera formalidade para escamotear as desigualdades e continuar a oprimir/segregar negros e indígenas, por exemplo, legalizando, assim, as disparidades.

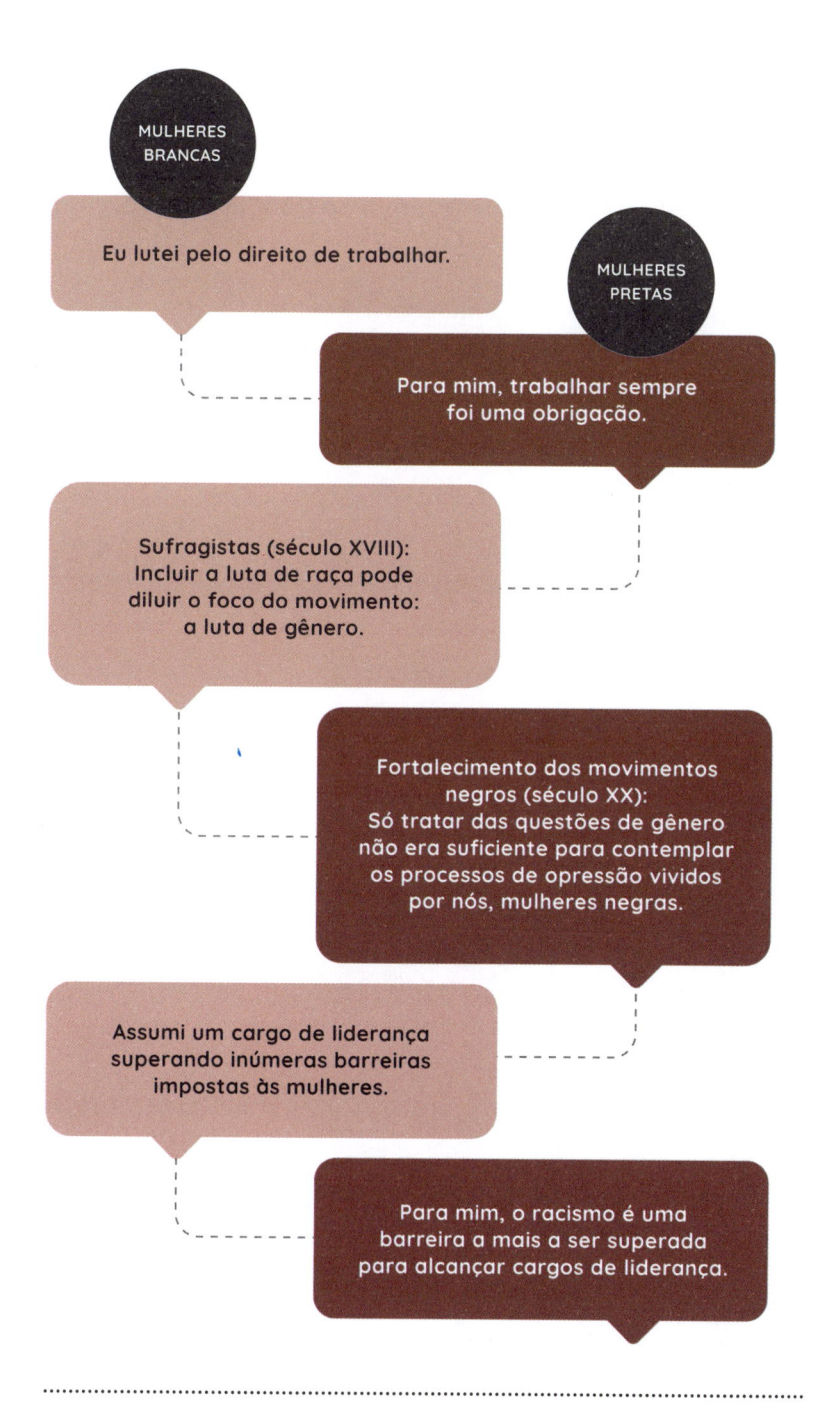

FIGURA 3.1 – A NECESSIDADE DE EXISTÊNCIA DE UM MOVIMENTO FEMINISTA NEGRO

O mito da democracia racial fundamenta a exclusão e as contradições raciais, além de continuar marginalizando os negros, que, apesar de fazerem parte do cenário social – resistindo, lutando, buscando soluções e tentando desmascarar e destituir os padrões brancos –, continuam sendo oprimidos e massacrados.

Não se pode negar que a força de trabalho da mulher negra está associada à mão de obra não qualificada e com rendimentos menores que os das mulheres brancas – compondo, desse modo, uma das dimensões do racismo. Historicamente, a sociedade brasileira naturalizou essa prática, cujo mote trata da mulher branca para casar, da mulher mestiça para fornicar e da mulher negra para trabalhar.

Na visão eurocêntrica, foram estabelecidos os lugares destinados a cada grupo social, com os brancos ocupando os mais privilegiados. Desse modo, o racismo, apesar de não ser a única manifestação da opressão, é a expressão mais preponderante no cotidiano e está associada diretamente à divisão do trabalho.

Para a professora e pesquisadora Kia Caldwell (2000, p. 98):

> [...] ao desmascarar o quanto a dominação racial é marcada pelo gênero e o quanto a dominação de gênero é marcada pela raça, o manifesto das mulheres negras destacou que tais mulheres foram vítimas antigas de práticas de exploração sexual.

As relações de poder constituem, portanto, uma importante variável que molda a vida, as posições sociais e as identidades das mulheres negras. Assim, a exploração de classe e a discriminação racial compõem os elementos básicos de luta das categorias subordinadas, que não são os mesmos da luta da mulher branca, por exemplo.

Na década de 1980, surgiu em Boston, nos Estados Unidos, o Coletivo Combahee River, organizado por mulheres afro-americanas. O grupo lançou o documento "A Black Feminist Statement", uma declaração que conectava os sistemas de opressão – raça, gênero, classe social e sexualidade –, pois todos constituíam as experiências da mulher negra. A esse sistema de conexões, a professora estadunidense e defensora dos direitos civis Kimberlé Crenshaw atribuiu o termo *interseccionalidade*, em seu artigo "Mapping the margins: intersectionality, identity politics, and violence against women of color", publicado na *Stanford Law Review* (1991 *apud* Collins, 2017).

RUAS COM NOMES DE MULHERES BRANCAS:

RUAS COM NOMES DE MULHERES PRETAS:

Minoria entre a maioria de ruas com nomes de homens brancos.

Ainda que existam, seguem menos sugeridas do que ruas com nomes de homens e mulheres brancas.

FIGURA 3.2 – NOMES DE RUAS EM SALVADOR (BA): MATERIALIZAÇÃO DO RACISMO INTERSECCIONAL NA ESPACIALIZAÇÃO DA CIDADE

Apesar de não ser militante em movimentos sociais, Crenshaw estava ligada a eles graças a seu trabalho com justiça social. Assim, posicionava-se na convergência dos estudos de raça, classe e gênero na academia, buscando iniciativas de justiça social para que ocorressem mudanças legais e sociais. Dessa maneira, em 1991, quando lançou o artigo, deu início ao que se compreendeu como "origem da interseccionalidade", uma vez que ela conjugava entendimentos interseccionais do feminismo negro aliado à justiça social. A autora deu atenção especial às mulheres negras, articulando-as à violência doméstica, além de apresentar uma identificação pessoal com o feminismo negro, entendendo que as necessidades das mulheres negras não são atendidas por uma categorização. Assim, defende a interseccionalidade vinculada a preocupações de justiça social. Para a antropóloga estadunidense Patricia Hill Collins (2017, p. 12):

> Crenshaw se baseia nas ideias de Combahee não só para nomear a interseccionalidade, mas também para estabelecer relações entre identidade individual e identidade coletiva; manter o foco nas estruturas sociais; teorizar a partir da base (em um modelo *top-down*) casos de violência contra mulheres de cor como um conjunto de experiências com conexões estruturais, políticas e representativas; lembrar leitoras que o propósito dos estudos interseccionais é contribuir com iniciativas de justiça social.

A ideia de um movimento feminista que atendesse à luta das mulheres nos leva a refletir acerca do que poderia ser comum na luta daquelas que estavam em classes sociais ou em grupos raciais diferentes. O aspecto político-ideológico deu a tônica ao movimento feminista e foi útil, inicialmente, para tratar de uma coletividade. Mas, ao desconsiderar categorias como raça, classe social e orientação sexual, colocou em evidência as mulheres brancas, heterossexuais e de classe média/ alta. E, assim, em um grupo no qual se pressupunha a irmandade, categorias de segregação mantiveram o viés opressivo. Como bem sinaliza a escritora e ativista pelos direitos feministas e homossexuais, e estadunidense de origem caribenha, Audre Lorde (2015):

> Eu não posso me dar ao luxo de lutar por uma forma de opressão apenas. Não posso me permitir acreditar que ser livre de intolerância é um direito de um grupo particular. E eu não posso tomar a liberdade de escolher entre as frontes nas quais devo batalhar contra essas forças de discriminação, onde quer que elas apareçam para me destruir. E quando elas aparecem para me destruir, não demorará muito a aparecerem para destruir você.

Assim, a opressão sofrida por mulheres negras, por exemplo, é multidimensional, provém de múltiplas identidades que permeiam um contexto social e histórico. Luiza Bairros (1995), porto-alegrense radicada na Bahia e ex-ministra da Igualdade Racial (2011-2015), sinaliza, também, que o patriarcado possui bases de opressão semelhantes às que permitem a existência do racismo, como a crença na dominação constituída por meio de noções de inferioridade e superioridade.

A também porto-alegrense radicada na Bahia, socióloga e pesquisadora Alice Costa (2000) apresenta o patriarcado como uma organização sexual hierárquica da sociedade extremamente necessária ao domínio político. Alimenta-se do domínio masculino na estrutura familiar (esfera privada) e da lógica organizacional das instituições políticas (esfera pública) construídas a partir de um modelo masculino de dominação (arquétipo viril).

O termo "interseccionalidade", sem dúvida, conseguiu tornar o campo compreensível, em especial, para o âmbito social. É inegável que o racismo e o patriarcalismo são basilares para as relações de poder, que inferiorizam o negro e criam modos de subordinação que levam em conta a dimensão sexual. Nesse sentido, a mulher negra sofre uma opressão ainda maior do que a mulher branca e do que o homem negro, pois ela é inferiorizada por ser mulher *e* negra, com conjunção aditiva; enquanto aqueles são oprimidos por serem mulher *ou* negro, com conjunção alternativa. Assim, no contexto de múltiplas opressões, é importante pensar nas intersecções, a fim de compreender a complexidade identitária sem hierarquização, uma vez que há uma interação nas reproduções de desigualdades sociais.

Para a cientista política alemã Ina Kerner (2012), na atual discussão europeia, o termo "intersecções" serve como símbolo para todas as possíveis combinações e entrelaçamentos de diversas formas de poder expressas por categorias de diferença e de diversidade, sobretudo as de raça, etnia, gênero, sexualidade, classe/camada social, bem como, eventualmente, as de religião, idade e deficiências. Com isso, é possível compreender as opressões sem categorizá-las como mais ou menos importantes, sem colocá-las em camadas. É como dizer que no Brasil existe segregação de classe social, sem levar em conta questões de cor e etnia, ratificando o mito da democracia racial.

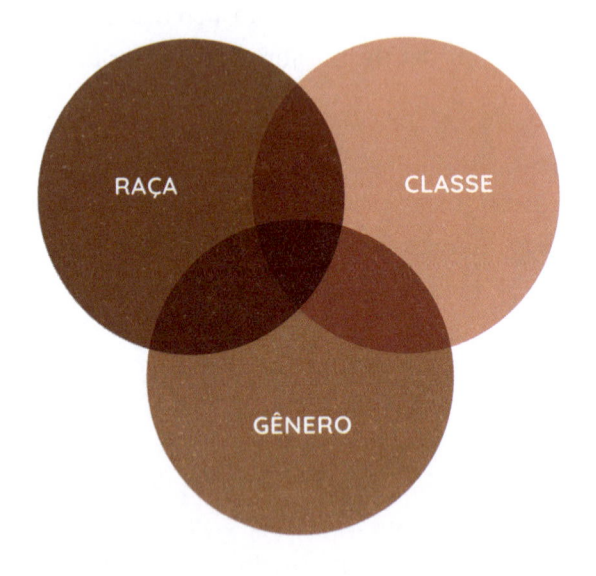

FIGURA 3.3 – PRINCIPAIS CATEGORIAS INTERSECCIONÁVEIS

Os anseios do feminismo, que foi construído a partir de uma ideia universal da categoria "mulher", não davam conta das experiências de desigualdades sofridas pelas mulheres negras. Ainda que a opressão de gênero se faça presente nas mulheres brancas, as discriminações sofridas por mulheres negras e pobres trazem um peso social maior, uma vez que a cor da pele e a classe social são determinantes para sua marginalização e invisibilização. Assim, esses fatores de multiplicação devem ser compreendidos em uma relação de interseccionalidade.

O termo "interseccionalidade" conseguiu abranger questões que não eram contempladas quando se pensava em soma de opressões, pois elas não podem ser vistas de modo separado ou sobreposto. Logo, a luta passou a ter um lugar menos genérico (mulheres), bem como um lugar de fala que retrata realidades concretas de exclusão e discriminação sofridas por mulheres negras e que foram construídas "interseccionalmente" pela nossa estrutura colonizadora, que impôs uma mentalidade racista, patriarcal e heterossexual, marcando as vidas dessas mulheres com base na negativação de todas as suas experiências por uma sociedade que se deseja embranquecida.

Dessa maneira, raça, classe social, gênero e sexualidade definem a experiência da mulher negra. Há uma intersecção que move as opressões que a acometem e a colocam em um lugar de invisibilidade. Assim, analisar as partes de um problema não traz a dimensão de todas as opressões sofridas, apenas o fragmenta e vai colocando de lado aquilo que deveria ser central.

COLOCANDO EM PRÁTICA

1. **QUAL O OBJETIVO DE DISCUTIR COM OS ESTUDANTES A INTERSECCIONALIDADE?**

Discutir a interseccionalidade em sala de aula tem como objetivo promover uma reflexão sobre o fato de que as opressões de gênero, de raça, de orientação sexual, capitalista, religiosa, etc. sofridas por mulheres negras não podem ser vistas de modo separado, mas em conjunto, pois só assim é possível perceber a inseparabilidade estrutural dessas categorias.

2. **AO TRAZER ESSA DISCUSSÃO PARA A SALA DE AULA, O QUE SE ESPERA DOS ESTUDANTES?**

Ao abordarmos o tema da interseccionalidade, esperamos estimular os estudantes a levar em conta a inseparabilidade estrutural do racismo, do capitalismo e do heteropatriarcado (cisgênero) na existência da mulher negra. É preciso que eles compreendam como essas categorias trabalham em conjunto na opressão contra essas mulheres, pois os processos de exclusão vivenciados pelas mulheres negras são diferentes daqueles sofridos por uma mulher branca ou por um homem negro, porque elas não são brancas (experiência de raça) e elas também não são homens (experiência de gênero).

3. **COMO TRABALHAR O TEMA EM SALA DE AULA?**

Algumas propostas de como o tema pode ser trabalhado com os estudantes são:

- Sugira um estudo de caso, de modo que os estudantes percebam como a interseccionalidade funciona na prática. Por exemplo: Quando uma mulher negra, moradora de uma comunidade dominada pelo tráfico de drogas, faz um chamado para a polícia para denunciar uma violência doméstica, ela vai receber o mesmo tratamento e a mesma assistência que uma mulher branca, residente em um bairro nobre, receberia para a mesma ocorrência policial?

- Pense com seus estudantes sobre como a análise interseccional pode contribuir para a criação de políticas públicas. Problematize como as violências de gênero, raça e classe impactam de forma articulada o acesso a direitos sociais fundamentais, como saúde e educação.

- Contraste a celebração das datas 8 de Março: Dia Internacional da Mulher e 25 de Julho: Dia Internacional da Mulher Negra, Latino-americana e Caribenha, considerada um marco na luta contra o racismo e o sexismo, para refletir em que medida as demandas das mulheres negras (não) são contempladas.

- Proponha uma abordagem sobre o conceito de interseccionalidade explorando textos diversos. Com histórias em quadrinhos (HQs), por exemplo, discuta aspectos como a ausência de mulheres negras entre os desenhistas brasileiros valorizados pela mídia e a escassez de protagonistas negras. Apresente aos estudantes o trabalho de profissionais que rejeitam a estereotipação de personagens afrodescendentes, como a quadrinista mineira Ana Flávia Cardoso, autora da HQ *Quando você foi embora* (2018); a ilustradora e quadrinista maranhense Diane Araújo (Dika Araújo), autora de *Domingo tem macarrão* (2018) e *Melaço* (2018); e a paulistana Flávia Borges, criadora de *Maré alta* (2018).

Em entrevista, Carla Akotirene (2018), pesquisadora, ativista e autora do livro *Interseccionalidade*, traz a seguinte definição do termo:

> Interseccionalidade é uma ferramenta metodológica disputada na encruzilhada acadêmica. Trata-se de oferenda analítica preparada pelas feministas negras. Conceitualmente ela foi cunhada pela jurista estadunidense, a professora da teoria crítica de raça Kimberlé Crenshaw, no âmbito das leis antidiscriminação. Sensibilidade analítica, a interseccionalidade completa no próximo semestre 30 anos, quando a sua proponente teorizou a sugestão histórica pensada pelo movimento de mulheres negras. É uma ferramenta teórica e metodológica usada para pensar a inseparabilidade estrutural do racismo, capitalismo e heteropatriarcado (cisgênero), e as articulações decorrentes daí, que imbricadas repetidas vezes colocam as mulheres negras mais expostas e vulneráveis aos trânsitos destas estruturas. Infelizmente agora sofre os perigos do esvaziamento, pois caiu no gosto acadêmico das branquitudes. Fala-se muito de feminismo interseccional sem trabalhar o paradigma afrocêntrico, de forma desconexa da origem, fundamento e propostas epistemológicas das feministas negras.

Reflita com a turma o uso dos vocábulos/expressões: *interseccionalidade*, *leis antidiscriminação* e *cis-heteropatriarcado*.

SUGESTÕES DE LEITURAS

Sugerimos as seguintes leituras para ampliar o entendimento sobre interseccionalidade de raça, gênero e classe.

- *Interseccionalidade*, de Carla Akotirene (São Paulo: Pólen Livros, 2019 – Feminismos Plurais).

- *O feminismo é para todo mundo: políticas arrebatadoras*, de bell hooks (Tradução Ana Luiza Libânio. Rio de Janeiro: Rosa dos Tempos, 2018).

- *Mulheres, raça e classe* (1981), de Angela Davis (Tradução Heci Regina Candiani. São Paulo: Boitempo, 2016).

"Interseccionalidade – Djamila Ribeiro e Carla Akotirene"
– *Feminismos Plurais* (2020)

O vídeo traz reflexões a respeito do conceito de interseccionalidade pelo olhar das autoras Carla Akotirene e Djamila Ribeiro, debatendo como diferentes opressões não são sobrepostas, mas funcionam de modo coordenado para promover segregações.

Disponível em: https://www.youtube.com/watch?v=KFncigGb-DeE. Acesso em: 5 ago. 2024.

● ● ●

"Os desafios de uma mulher na favela da Rocinha"
– *O Globo* (2019)

O vídeo aborda o cotidiano marcado por violências de gênero, raça, orientação sexual e intolerância religiosa de quatro moradoras da comunidade periférica carioca.

Disponível em: https://www.youtube.com/watch?v=UHhOV-CXY3YI. Acesso em: 5 ago. 2024.

"Kimberlé Crenshaw – A urgência da interseccionalidade" – *Priscila Uirá de Souza* (2017)

Neste vídeo, Kimberlé Crenshaw discute a necessidade de refletirmos sobre as diferentes opressões a que estão sujeitos alguns indivíduos, sobretudo as mulheres negras, na conferência "A urgência da interseccionalidade", apresentada em 2016 para uma plateia diversa nos Estados Unidos.

Disponível em: https://www.youtube.com/watch?v=vQccQnBGxHU. Acesso em: 13 jun. 2020.

CONHEÇA TAMBÉM

Coisa mais linda

Série brasileira produzida pela Netflix, retrata os percalços vividos por mulheres, na década de 1950, no Rio de Janeiro. Sugerimos que o foco seja na personagem Adélia, uma mulher negra, moradora de uma comunidade carioca, cujas opressões divergem, por exemplo, da sua amiga Maria Luísa, mulher branca e de classe alta.

Coisa mais linda. Direção: Caíto Ortiz, Hugo Prata e Julia Rezende. Produção: Beto Gauss e Francesco Civita. Emissora: Netflix (*streaming*). 2019-2020. Temporadas: 2. Episódios: 13. Duração: 50 min.

Os perfis do Instagram @uma_intelectual_diferentona, mantido por Bárbara Carine, @genipapos, de Geni Núñez, e @afroantropologa, de Izabel Accioly, engajam e educam o público sobre a importância da cultura negra ao discutirem questões sociais e promoverem a valorização da cultura afro-brasileira. Enquanto @uma_intelectual_diferentona aborda temas de raça e feminismo de forma sagaz, @genipapos foca na ancestralidade e tradições culturais afro-brasileiras e indígenas. Já @afroantropologa explora a antropologia sob uma perspectiva crítica, incentivando reflexões sobre identidade e diversidade cultural.

Visite os perfis do Instagram: @uma_intelectual_diferentona, @genipapos e @afroantropologa

Referências

AKOTIRENE, Carla. O que é interseccionalidade? [entrevista concedida a Carla Batista]. **Portal Geledés**, 8 set. 2018. Disponível em: https://www.geledes.org.br/o-que-e-interseccionalidade/. Acesso: 20 ago. 2024.

BAIRROS, Luiza. Nossos feminismos revisitados. **Revista Estudos Feministas**, v. 3, n. 2, p. 458-463, 1995. Disponível em: https://www.geledes.org.br/wp-content/uploads/2014/04/Nossos_Feminismos_Revisitados_Luiza_Bairros.pdf. Acesso em: 13 out. 2024.

CALDWELL, Kia Lilly. Fronteiras da diferença: raça e mulher no Brasil. **Revista Estudos Feministas**, Florianópolis, v. 8, n. 2, p. 98, 2000.

COLLINS, Patricia Hill. Feminismo negro, interseccionalidade e política emancipatória. Tradução Bianca Santana. **Parágrafo**, v. 5, n. 1, jan./jun. 2017. Disponível em: https://www.geledes.org.br/wp-content/uploads/2017/07/01.pdf. Acesso: 5 ago. 2024.

COSTA, Ana Alice. Gênero, poder e empoderamento das mulheres. **Núcleo de Estudos Interdisciplinares sobre a Mulher**, Salvador, 2000. Disponível em: http://www.neim.ufba.br/site/arquivos/file/textosapoio1.PDFpoio1.PDF. Acesso em: 26 dez. 2022.

CRENSHAW, Kimberlé. Documento para o encontro de especialistas em aspectos da discriminação racial relativos ao gênero. **Revista Estudos Feministas**, v. 10, n. 1, p. 171-188, jan. 2002.

KERNER, Ina. Tudo é interseccional? Sobre a relação entre racismo e sexismo. **Novos Estudos Cebrap**, São Paulo, v. 93, 2012.

LIMA, Daniele dos Santos. **O entrelace das fitas**: uma narrativa sobre o reisado de Dona Derina na Chapada Diamantina. 2020. Dissertação (Mestrado) – Faculdade de Filosofia e Ciências Humanas, Universidade Federal da Bahia, Salvador, 2020.

LORDE, Audre. Não existe hierarquia de opressão. **Portal Geledés**, 29 maio 2015. Disponível em: https://www.geledes.org.br/nao-existe-hierarquia-de-opressao/. Acesso em: 19 ago. 2024.

MUNANGA, Kabengele. Uma abordagem conceitual das noções de raça, racismo, identidade e etnia. *In*: BRANDÃO, A. (org.) **Programa de educação sobre o negro na sociedade brasileira**. Niterói: Eduff, 2004

O GLOBO. Sete livros para conhecer e entender o feminismo negro. **O Globo**, 2 ago. 2024. Disponível em: https://oglobo.globo.com/celina/sete-livros-para-conhecer-entender-feminismo-negro-23848547. Acesso em: 5 ago. 2024.

THE COMBAHEE RIVER COLLECTIVE. A Black Feminist Statement. **Women's Studies Quarterly**, v. 42, n. 3/4, 2014. Disponível em: http://www.jstor.org/stable/24365010. Acesso em: 19 ago. 2024.

4

Necropolítica

Docente, você já ouviu falar sobre necropolítica? Já pensou como esse conceito pode estar relacionado às práticas de extermínio da população negra em nosso país? O significado desse termo nos permite compreender melhor as particularidades do racismo brasileiro e o que significa ser negro em um mundo colonizado. Vamos começar?

O conceito de necropolítica foi cunhado pelo filósofo camaronês Achille Mbembe, ao considerar que a realidade contemporânea é marcada pela forte influência do racismo sobre as relações políticas, culturais e econômicas; e construída a partir da "violência contra corpos racializados e escravizados" (Pereira, 2019, p. 368). A necropolítica depende da existência de um poder soberano – não necessariamente o Estado (Mbembe, 2016) – que exerça o controle sobre a mortalidade de uma população, estabelecendo o limite entre o direito e a violência/morte. Ela é definida como a capacidade e o poder de determinar quem pode viver e quem deve morrer, com base em uma perspectiva racista sobre grupos biológicos (Pereira, 2019).

O gerenciamento da morte (Pereira, 2019) pelo necropoder (Goldberg, 2002 *apud* Mbembe, 2016) se relaciona a outro conceito importante, proposto pelo filósofo francês Michel Foucault: o biopoder. O poder se define e funciona na medida em que se inscreve e se apropria do campo biológico, passando a controlá-lo. Ele estabelece uma divisão rígida, supostamente biológica, entre as diferentes populações, e determina quais grupos da espécie humana devem morrer ou viver.

O racismo é considerado uma tecnologia que permite o exercício do biopoder (Foucault, 1997 *apud* Mbembe, 2016), sendo a escravidão "uma das primeiras instâncias da experimentação biopolítica" (Hartman, 1997 *apud* Mbembe, 2016, p. 130). A função do racismo é regular como a morte será distribuída e tornar possível o assassínio pelo Estado. Para Foucault (1997 *apud* Mbembe, 2016, p. 128), o "direito soberano de matar e os mecanismos de biopoder" constituem e fazem parte do funcionamento de todos os Estados modernos, a exemplo do Estado nazista.

As "políticas de morte" integram uma estrutura social mais ampla (macroestrutura) racista, imposta aos países colonizados por uma política ocidental europeia, que violenta as populações, despoja-as de seus territórios e desrespeita seus códigos e valores culturais (Pereira, 2019).

O necropoder se impõe sob a forma do terror de uma morte real e/ou o aniquilamento de uma cultura (Goldberg, 2002 *apud* Mbembe, 2016).

A soberania dos Estados europeus sobre as nações colonizadas se traduz na "capacidade de definir quem importa e quem não importa, quem é 'descartável' e quem não é" (Mbembe, 2016, p. 135); em exercer o poder "à margem da lei"; e supostamente manter a paz recorrendo a uma "guerra sem fim" (Mbembe, 2016, p. 132). Nesse contexto, a guerra é utilizada como estratégia para alcançar a soberania e exercer o direito de matar, não se sujeitando a nenhuma sanção legal ou institucional. Desse modo, o imperialismo promove nas colônias um estado de exceção, regido pela violência física e simbólica, alegando que a imposição da estrutura colonial é uma forma de "salvar" seus habitantes (Pereira, 2019, p. 368) e civilizá-los (Mbembe, 2016).

O termo "estado de exceção" remete à suspensão temporária do estado normal da lei e/ou do estado de direito (Agamben, 1995 *apud* Mbembe, 2016). Esse conceito é discutido a partir dos campos de extermínio mantidos por regimes totalitários e nazistas, nos quais os ocupantes são resumidos a seus corpos biológicos e destituídos de *status* político (Mbembe, 2016). A "estrutura político-jurídica do campo de concentração" converte o estado de exceção em um regime permanente (Agamben, 1995 *apud* Mbembe, 2016, p. 124). A estrutura e os resultados do sistema de colonização também representam de forma emblemática o estado de exceção (Hartman, 1997 *apud* Mbembe, 2016). Nesse contexto, a espacialização da ocupação colonial institui divisões e fronteiras internas de forma arbitrária, mantidas à força (Fanon, 1991 *apud* Mbembe, 2016). O homem e a mulher escravizados são destituídos de sua humanidade para serem convertidos em propriedade alheia e em instrumentos de trabalho. Eles perdem seus lares, o direito sobre seus corpos e seu estatuto político; e o controle sobre eles é atrelado à disseminação do terror (Mbembe, 2016).

O direito de pôr fim à vida de outrem também está atrelado a "relações de inimizade" estabelecidas pelo poder soberano com determinados grupos, que passam a ser vistos como "inimigos" de seus interesses, valores e práticas (Pereira, 2019). A existência desses grupos é entendida como uma ameaça terrível à vida e à segurança das outras pessoas. Por isso, seria necessário eliminá-los fisicamente (Mbembe, 2016).

FIGURA 4.1 – CHARGE DE GILMAR

A charge do cartunista Gilmar ilustra uma célebre frase de Conceição Evaristo: "Eles combinaram de nos matar, mas 'a gente combinamos' de não morrer".

Dessa forma, a violência e a morte impostas a esses inimigos ficcionais são deliberadas, como uma estratégia impessoal para garantir a segurança dos demais, diante do risco que eles supostamente representam (Pereira, 2019).

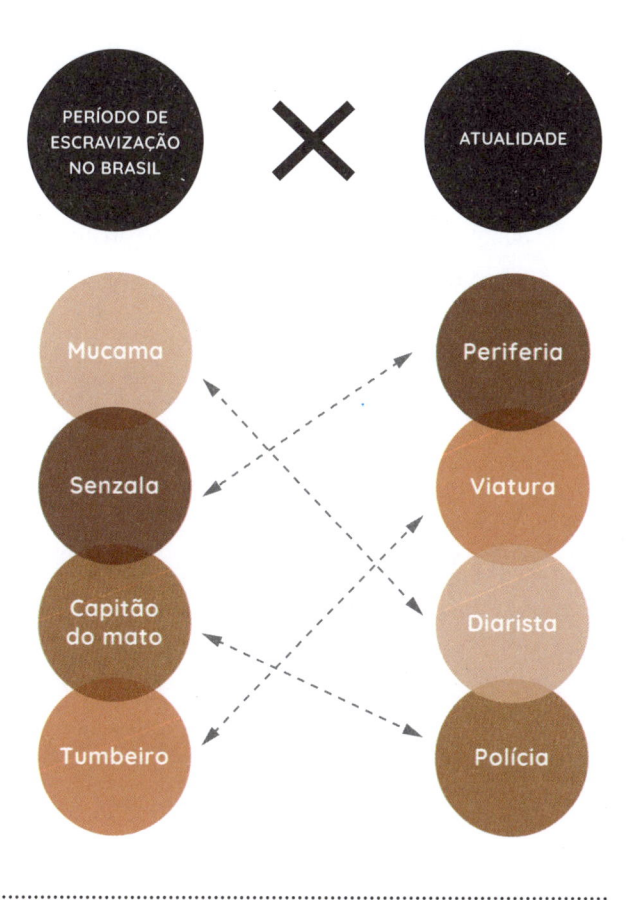

FIGURA 4.2 – DISSEMINAÇÃO DO TERROR: SEMELHANÇAS NA ESTRUTURAÇÃO DO RACISMO NO BRASIL

Assim, as bases normativas do direito de matar são o estado de exceção e a relação de inimizade. Na necropolítica, o poder soberano produz, apela e se refere, simultaneamente, a esse estado de emergência e à noção ficcional de inimigo. Essa "relação entre política e morte [...] só pode funcionar em um estado de emergência" (Mbembe, 2016, p. 128).

Em nosso cotidiano, a necropolítica adquiriu outros contornos. Ela se materializa em estratégias e ações que agravam as condições de vida, desrespeitam os direitos humanos e, até mesmo, literalmente exterminam diferentes segmentos sociais, a exemplo de populações carcerárias, pessoas em situação de rua, moradores de áreas periféricas nas grandes cidades, populações quilombolas, ribeirinhas e indígenas. Ela é expressa por meio de narrativas que invisibilizam as particularidades e demandas características desses grupos e que os destituem de sua condição de cidadãos de direitos. Isso inclui a precarização das condições de trabalho, saúde e educação; o desrespeito à posse e ao usufruto de territórios tradicionais; a imposição de uma ação policial violenta e racista, etc.

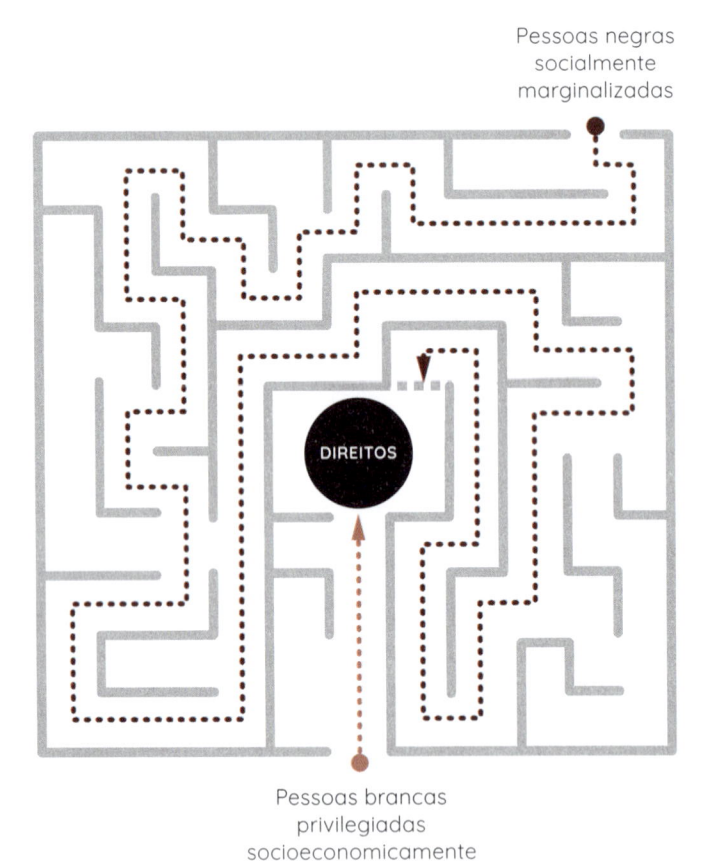

FIGURA 4.3 – DIREITOS PARA QUEM?

A mídia hegemônica reafirma a perspectiva da necropolítica ao conferir e reiterar um juízo moral aos integrantes desses grupos, e ao desqualificá-los e apresentá-los como indivíduos que supostamente "merecem ser punidos", justificando a violência e a morte que lhe são impostas.

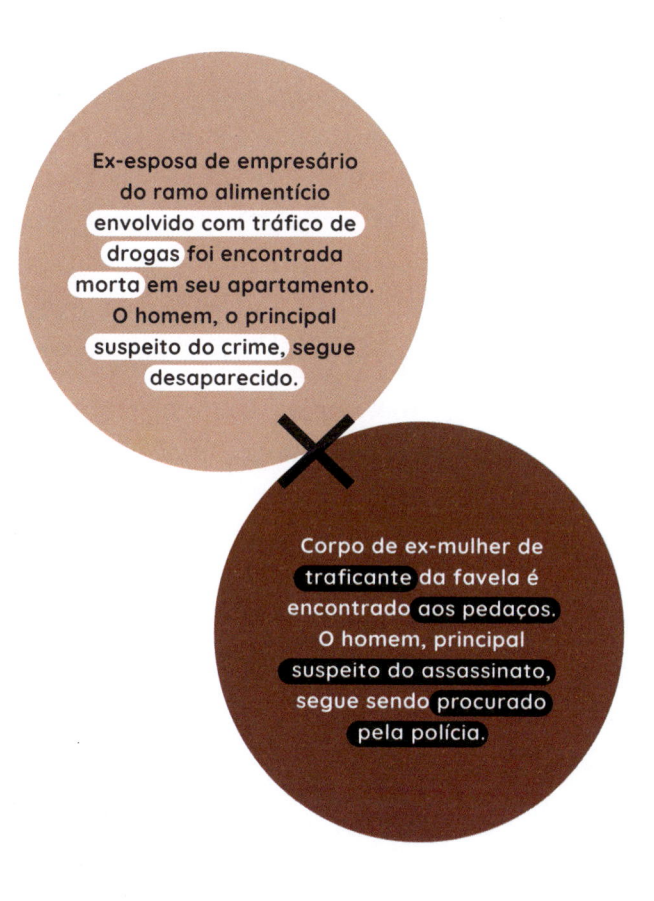

FIGURA 4.4 – MÍDIA *VERSUS* NECROPOLÍTICA: COMO UMA NOTÍCIA É PENSADA A PARTIR DA RAÇA?

1. **QUAL O OBJETIVO DE DISCUTIR COM OS ESTUDANTES A NECROPOLÍTICA?**

A discussão sobre necropolítica e a sua íntima relação com o racismo contribui para compreendermos fatos históricos sob a perspectiva dos povos colonizados e/ou escravizados, no Brasil e em outros países. Em paralelo, nos permite identificar como discursos e estratégias historicamente empregados para desumanizar, explorar e subjugar especialmente as populações negras adquirem novas nuances na atualidade, além de servirem ao controle geopolítico, econômico e militar de outras populações.

Além disso, refletir sobre necropolítica oferece subsídios para entendermos a lógica e o funcionamento do genocídio da população negra e de outros grupos em situação de vulnerabilidade social no território brasileiro.

PRINCIPAL CAUSA DE MORTE (SÃO PAULO, 2011)

Homicídio

Acidente de carro

24,2%
Pessoas brancas

29,2%
Pessoas pretas

FIGURA 4.5 – DADOS DA DISPARIDADE: NECROPOLÍTICA

Fonte: Reis (2014).

AO TRAZER ESSA DISCUSSÃO PARA SALA DE AULA, O QUE SE ESPERA DOS ESTUDANTES?

Ao discutirmos sobre necropolítica, esperamos que os estudantes estabeleçam uma relação entre o passado e o presente, refletindo sobre os diferentes mecanismos que perpetuam as desigualdades históricas, com ênfase no racismo, em nosso país e no exterior. É importante que compreendam a articulação entre interesses geopolíticos, econômicos, ideológicos, etc., e o extermínio físico e simbólico de determinadas populações. Os estudantes devem ser estimulados ainda a pensar sobre o papel da mídia na reprodução e difusão de discursos e práticas racistas para justificar o extermínio de grupos específicos.

3. **COMO TRABALHAR O TEMA EM SALA DE AULA?**

Algumas propostas de como o tema pode ser trabalhado com os estudantes são:

- Discuta com os estudantes como o regime do *apartheid*, praticado na África do Sul moderna entre 1948 e 1994 (Vale, 2015), dialoga com o conceito de necropolítica, sobretudo a imposição da opressão, as condições de extrema pobreza e a instituição espacial dos "distritos" e dos "bantustões", aos quais os negros sul-africanos (Mbembe, 2016, p. 135) foram submetidos pela minoria branca, em especial os bôeres (Idaf, 1989).

- Promova uma reflexão sobre como a ocupação colonial contemporânea da Palestina ilustra o necropoder, especialmente a relação entre soberania e espaço, traduzida na segregação racial, na segmentação e no isolamento dos territórios; a ideia de que o Estado tem o direito divino de existir; e a reivindicação da história e identidade do povo israelense, em contraste com a narrativa pelo mesmo espaço sagrado sustentada pelo povo palestino. Sobre esse assunto, é possível consultar Mbembe (2016, p. 136-137).

- O conceito de necropolítica pode ser abordado em sala de aula utilizando-se reportagens veiculadas na TV, internet e outros meios de comunicação que retratem ações de intolerância e extermínio cometidos contra determinados segmentos sociais no Brasil, por exemplo, a pessoas em situação de rua. É importante problematizar os aspectos que contribuem para invisibilizar especificidades e necessidades que caracterizam esses grupos. Em que medida esses fatores reafirmam a naturalização e justificam a violência e a morte imputadas a essas pessoas? Como ela é reproduzida em atitudes cotidianas isoladas (por exemplo, nas agressões diárias a pessoas em situação de rua, como envenenamento, atear fogo, entre outras atrocidades)?

- Estimule os estudantes a refletir sobre: 1) Os aspectos que contribuem para invisibilizar socialmente essas populações (por exemplo, situação de pobreza, cor da pele, escolarização ausente ou precária, cometimento de delitos, uso de drogas, etc.); 2) As instituições e esferas de poder público que definem, autorizam ou são omissas diante das políticas de morte aplicadas a estas populações; 3) Quais pessoas ou grupos executam essas ações (como milícias urbanas, segurança privada, indivíduos isolados, policiais, etc.); 4) Quais os interesses por trás dessas ações (por exemplo, econômicos, políticos, etc.); 5) Quais os argumentos utilizados para justificar as ações (por exemplo, suposto risco à segurança nacional, necessidade de retomar o controle de uma instituição, racismo, etc.); 6) Qual o teor do discurso midiático hegemônico sobre esses acontecimentos (por exemplo, espetacularização da violência, denúncia de violações de direitos humanos, minimização de sua importância, etc.); e 7) Qual o posicionamento adotado pela população em geral diante desses acontecimentos (aprovação/reprovação total ou parcial).

PENSANDO VOCÁBULOS

É possível destacar vocábulos-chave na discussão sobre o tema, como: *necropolítica, necropoder, biopoder* e *racismo*.

VOCÊ SABIA?

Nascido em 1957, na República dos Camarões, o filósofo Achille Mbembe é professor da Universidade de Joanesburgo, na África do Sul (considerada um dos maiores centros de excelência em pesquisa do mundo), e uma referência fundamental na concepção e entendimento do conceito de necropolítica (Pereira, 2019).

Sugerimos as seguintes leituras para ampliar o entendimento sobre o tema da necropolítica:

- *Necropolítica*, de Achille Mbembe (3. ed. São Paulo: n-1 Edições, 2018).
- "Necropolítica: estratégias de extermínio do corpo negro", artigo de Eliseu Amaro Pessanha e Wanderson Flor do Nascimento, publicado em *Odeere – Revista do Programa de Pós-Graduação em Relações Étnicas e Contemporaneidade – UESB* (v. 3, n. 6, p. 149-176, jul./dez. 2018). Disponível em: http://periodicos2.uesb. br/index.php/odeere/article/view/4327. Acesso em: 2 ago. 2024.

SUGESTÕES DE VÍDEOS

"O que é necropolítica?" – *Revista Badaró* (2020)

O vídeo resume o conceito de necropolítica, ilustrando-o por meio de políticas de segurança adotadas nos estados de São Paulo e Rio de Janeiro por seus respectivos governadores.

Disponível em: https://www.youtube.com/ watch?v=XvjHyM3y5ns. Acesso em: 2 ago. 2024.

"TV Uerj Explica: Necropolítica" – *TV Uerj* (2020)

Denilson Araújo, professor da Uerj, explica o conceito de necropolítica e sua relação com o racismo estrutural em nosso país. O vídeo aborda também a soberania de determinados seguimentos sociais em detrimento de outros, a exemplo de jovens negros brasileiros encarcerados e da população em situação de rua. Também trata da relação de menor valor atribuída aos grupos ditos subalternizados no sistema capitalista.

Disponível em: https://www.youtube.com/watch?v=0luIFs06kQo. Acesso em: 30 out. 2024.

CONHEÇA TAMBÉM

Tropa de elite

Se você não assistiu, é provável que já tenha ouvido falar do filme brasileiro *Tropa de elite* (2007), do diretor José Padilha, cujo personagem principal, Capitão Nascimento, foi interpretado por Wagner Moura. A narrativa fílmica intenta reproduzir o cenário da "vida real" de um grupo de policiais de elite – o Batalhão de Operações Policiais Especiais (Bope) –, trazendo como mote a frase: "Missão dada é missão cumprida". Em muitas cenas, o filme demonstra as práticas de tortura aplicadas por parte dos policiais à população moradora de comunidades em condição de vulnerabilidade do Rio de Janeiro, trazendo à tona a necropolítica.

Tropa de elite. Direção: José Padilha. Produção: José Padilha e Marcos Prado. 2007. Duração: 118 min.

Referências

FUNDO INTERNACIONAL DE DEFESA E AUXÍLIO PARA A ÁFRICA AUSTRAL (IDAF) (org.). **Nelson Mandela**: a luta é a minha vida. 5. ed. Rio de Janeiro: Editora Globo, 1989.

MARTINS, Dinaê Espíndola; MACHADO, Frederico Viana. Necropolítica, mídia e o extermínio da população em situação de rua. *In*: CONGRESSO BRASILEIRO DE SAÚDE COLETIVA, 12., 2018, Rio de Janeiro. **Anais eletrônicos** [...]. Disponível em: https://proceedings.science/saude-coletiva-2018/papers/necropolitica--midia-e-o-exterminio-da-populacao-em-situacao-de-rua. Acesso em: 5 ago. 2024.

MBEMBE, Achille. Necropolítica. **Arte & Ensaios – Revista do PPGAV/ EBA/UFRJ**, Rio de Janeiro, n. 32, p. 122-151, dez. 2016.

PEREIRA, Juliana Martins. Resenha de: MBEMBE, Achille. Necropolítica. 3. ed. São Paulo: n-1 edições, 2018. 80 p. **Horizontes antropológicos**, Porto Alegre, ano 25, n. 55, p. 367-371, set./dez. 2019.

REIS, Thiago. Homicídio é causa nº 1 de morte não natural de negros em SP, diz estudo. **G1**, 3 fev. 2014. Disponível em: https://g1.globo.com/sao paulo/noticia/2014/02/homicidio-e-causa-n-1-de-morte-nao-natural-de-negros-em-sp-diz-estudo.html. Acesso em: 20 ago. 2024.

RODRIGUES, Carla; AIRES, Suely. A leitura de Achille Mbembe no Brasil. **Cult**, 5 nov. 2018. Disponível em: https://revistacult.uol.com.br/home/dossie-leitura-de-achille-mbembe-no-brasil/. Acesso em: 5 ago. 2024.

VALE, Maíra Cavalcanti. "Este país é cheio de *apartheid*", diálogos com mulheres sul-africanas na província de KwaZulu-Natal. **Cadernos Pagu**, n. 45, p. 51-78, dez. 2015. Disponível em: http://www.scielo.br/scielo.php?script=sci_arttext&pid=S0104-83332015000200051&lng=pt&nrm=iso. Acesso em: 5 ago. 2024.

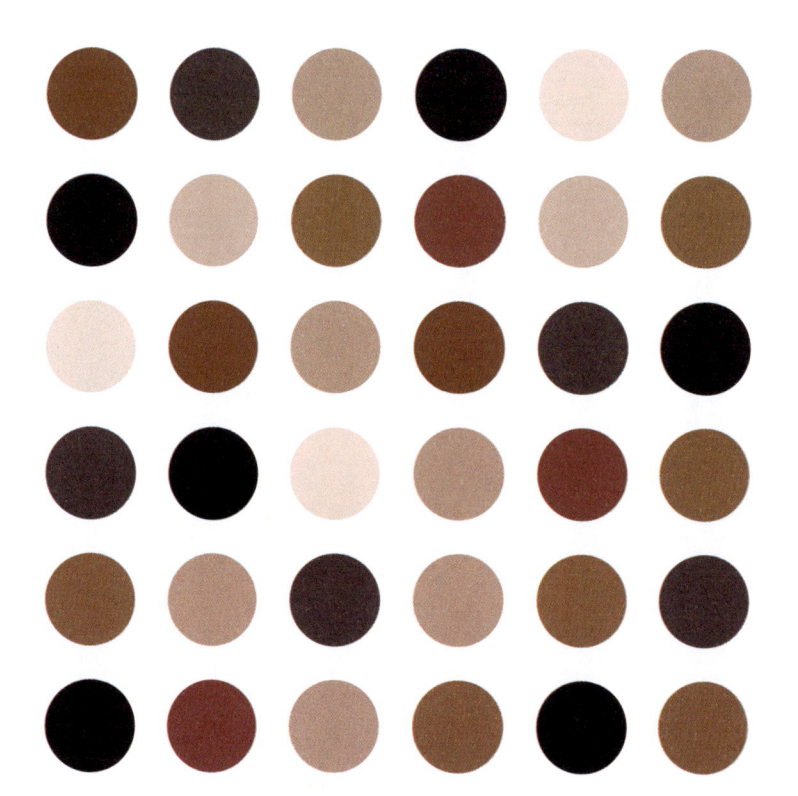

Intolerância religiosa

Docente, você já pensou como o respeito à diversidade religiosa está atrelado à democracia? Sabia que a intolerância religiosa, manifestada sobretudo contra adeptos de religiões de matriz africana, constitui uma forma de racismo cultural? Que tal explorar o tema conosco?

A intolerância religiosa consiste na violação do direito fundamental de liberdade de crença e exercício de culto religioso, assegurado pela legislação brasileira. Ela é cometida contra pessoas praticantes e/ou que desempenham cargos religiosos, que se veem impedidas de expressar a sua fé e viver conforme suas tradições e cultura em decorrência do preconceito de outrem (Calvi, 2020).

O desrespeito e a desvalorização de saberes, valores e práticas religiosas são traduzidos em violência psicológica, agressões verbais (xingamentos, discurso de ódio religioso), proibição do uso de indumentária ou acessórios religiosos em espaços públicos, agressões físicas (apedrejamento, linchamento), danos ao patrimônio (ataques, depredação, incêndio criminoso de terreiros à residência de adeptos), atentados à vida e ao sagrado (destruição de estátuas, bustos, oferendas, etc.) (Brasil, 2020).

O serviço Disque 100, oferecido gratuitamente pelo governo federal para notificar casos de violação dos direitos humanos no Brasil, reafirma que nosso país se caracteriza por uma pluralidade religiosa. Os dados registrados entre 2018 e 2023 apontam a existência de adeptos do catolicismo, espiritismo, protestantismo, judaísmo, pentecostalismo, islamismo, taoísmo, umbandismo, candomblé, entre outros credos. Ao longo desses anos, houve um crescimento do número de casos de intolerância religiosa, conforme demonstra a figura 5.1, a seguir. As principais vítimas continuam sendo os membros de religiões de matriz africana, como a umbanda e o candomblé, a exemplo do quantitativo de notificações registradas somente em 2021 (Vick, 2023).

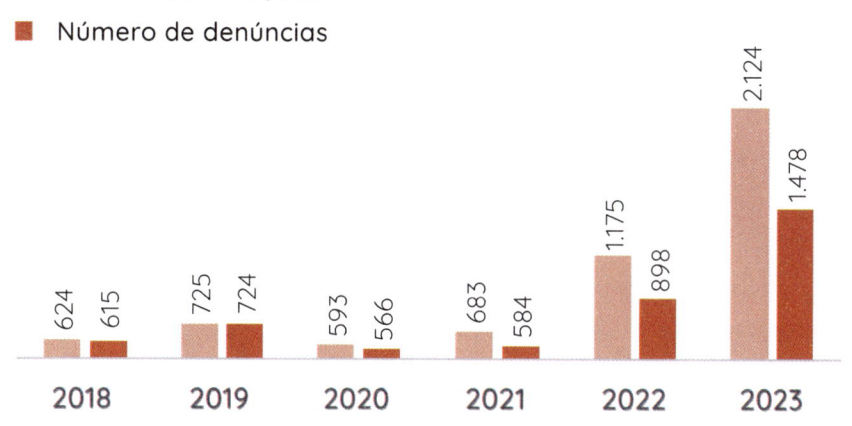

- Número de violações
- Número de denúncias

2018 624 / 615
2019 725 / 724
2020 593 / 566
2021 683 / 584
2022 1.175 / 898
2023 2.124 / 1.478

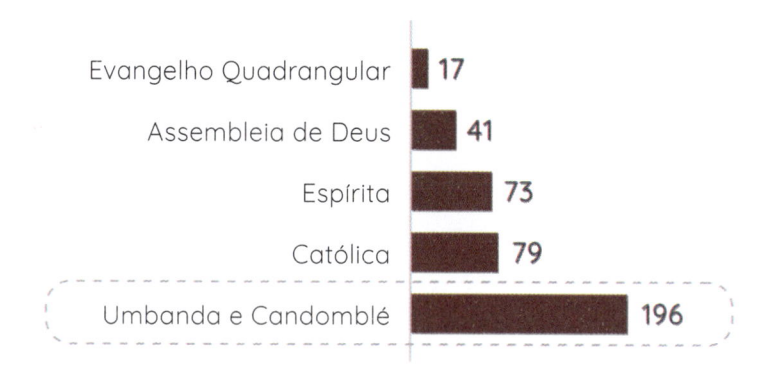

- Número de casos reportados por religião (2021)

Evangelho Quadrangular	17
Assembleia de Deus	41
Espírita	73
Católica	79
Umbanda e Candomblé	196

FIGURA 5.1 – CASOS DE INTOLERÂNCIA RELIGIOSA NO BRASIL

Fonte: Fantástico (2024) e Vick (2023).

O fato de a maior parte dos ataques no Brasil se dirigir a adeptos, religiosos e/ou espaços de cultos afro-brasileiros nos remete a dois conceitos importantes: racismo cultural e racismo religioso. Lima (2019) utiliza a expressão *racismos*, propositadamente no plural, para se referir às diversas manifestações desse fenômeno. Historicamente, a identificação e a hierarquização da humanidade com base na distinção de características físicas/raciais somaram-se à visão estereotipada de atitudes, comportamentos e particularidades culturais. Essas formas de opressão eram justificadas pela suposição de que os diferentes grupos étnicos correspondiam a diferentes estágios de desenvolvimento no progresso humano (Bethencourt, 2018 *apud* Lima, 2019).

Recentemente, o racismo biológico, apoiado em elementos físicos e genéticos, transitou para o racismo cultural, o qual atribui a determinadas culturas uma (suposta) "incapacidade cultural e [de] adaptação" (Bonilla-Silva, 2006 *apud* Lima, 2019, p. 13), além de incompatibilidade com o "desenvolvimento e a democracia" (PNUD, 2004 *apud* Lima, 2019, p. 13). Nesse sentido, o racismo pode ser entendido como uma construção social que possui fins políticos e sustenta a discriminação de determinados grupos étnicos em função de sua "cor, religião, etnia, origem e ascendência" (Lima, 2019, p. 14).

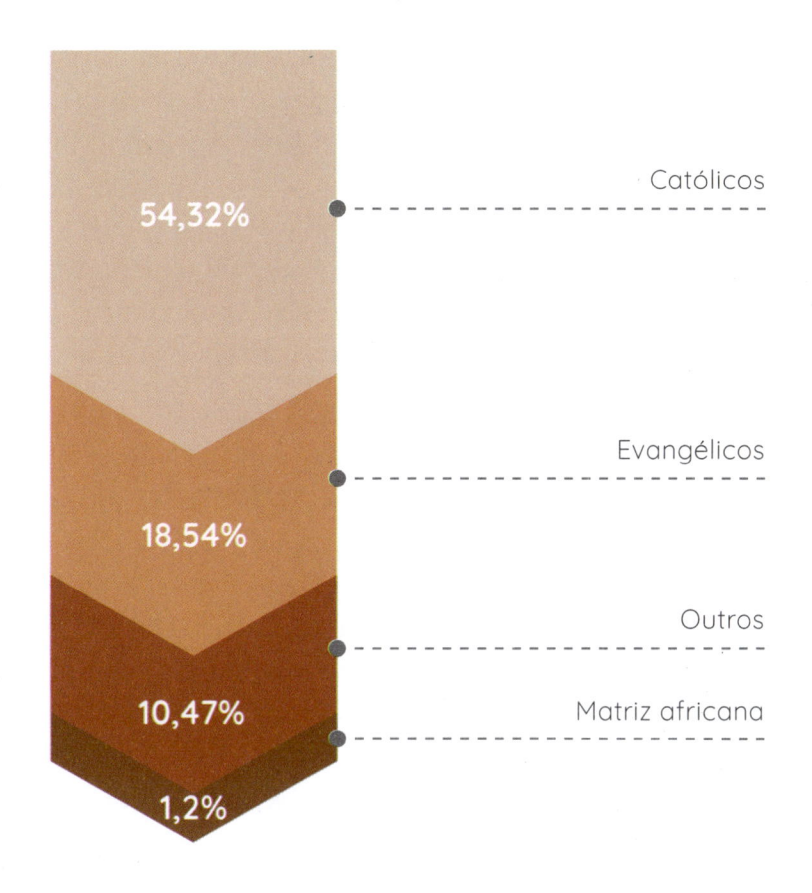

54,32% Católicos

18,54% Evangélicos

Outros

10,47% Matriz africana

1,2%

FIGURA 5.2 – POPULAÇÃO POR RELIGIÃO EM SALVADOR (BA) (IBGE, 2010)

Fonte: Estados e Cidades ([s. d.]).

O racismo religioso vai além da mera divergência sobre princípios litúrgicos. Trata-se de julgar negativamente tradições, valores, ritos, vestes, elementos rituais e crenças de uma comunidade religiosa e seus membros, por considerá-los fruto de uma cultura "atrasada", "nociva", "demonizada" e, portanto, merecedora de ser discriminada, desprezada, violentada e banida (Lima, 2019). A intolerância religiosa manifestada contra credos baseados em elementos africanos e indígenas remete à não aceitação dessas heranças e de suas formas de compreender e lidar com o mundo, em razão de seu caráter não cristão e/ou não eurocêntrico (Nascimento, 2017 *apud* Lima, 2019). Sendo assim, explorar comercial ou turisticamente os elementos dessas religiões e tratá-los como mera curiosidade e folclore, destituindo-os de seu valor simbólico original, também configura a prática de racismo religioso em consequência da exotização e da inferiorização das culturas que as fundamentam (Nascimento, 2016 *apud* Lima, 2019).

O deputado federal Helder Salomão (PT/ES), presidente da Comissão de Direitos Humanos e Minorias (CDHM), alerta que as informações sobre a violência religiosa cometida no país são precárias e isso se deve à subnotificação dos casos (Brasil; CDHM, 2020). Muitas situações não são denunciadas em função da ausência de testemunhas, do temor das vítimas de se tornarem alvo de novas agressões e do receio de não receberem do Estado o amparo necessário, garantido por lei (Souza, 2020). No Ofício nº 386/2020-P, de 31 de julho de 2020, Salomão destacou que o último documento elaborado pelo Poder Executivo sobre o assunto, intitulado "Relatório sobre intolerância e violência religiosa no Brasil (2011-2015)", havia sido publicado há 5 anos pelo então denominado Ministério das Mulheres, da Igualdade Racial, da Juventude e dos Direitos Humanos. É válido referir que a pasta foi renomeada, em 2018, como Ministério da Mulher, da Família e dos Direitos Humanos, sendo excluídas as referências à igualdade racial e à juventude e reafirmadas referências unívocas à mulher e à família, em contraste com a realidade vivida pela população brasileira (Brasil; CDHM, 2020). Em 2023, foi lançado o "II Relatório sobre Intolerância Religiosa: Brasil, América Latina e Caribe", que abarca intolerância e liberdades religiosas, situando as ocorrências por mês, localidade, comunidades atingidas, perfil dos violadores e tipificação das violações (Santos; Dias; Santos, 2023).

A nota técnica emitida, em 2018, pela Procuradoria Federal dos Direitos do Cidadão (PFDC), atrelada ao Ministério Público Federal, evidencia a omissão do Estado brasileiro frente aos "atos de discriminação/

intolerância/violência religiosa e racismo religioso" (Brasil; MPF; PFDC, 2018, p. 45) cometidos contra adeptos de religiões de matriz africana no país:

> O Estado brasileiro não coíbe, impede e não pune de maneira proporcional, adequada e eficaz indivíduos e grupos que, de forma sistemática, ao longo do tempo, vêm restringindo, anulando e suprimindo o livre exercício dos direitos de consciência, crença, culto e liturgia de minorias religiosas de matriz afro-brasileira (Brasil; MPF; PFDC, 2018, p. 46).

A fim de oferecer amparo legal aos seguidores de religiões de matriz africana vítimas de intolerância, um grupo formado por especialistas de diferentes áreas (advogados, contadores, arquitetos, sociólogos e bombeiros militares) fundou, em 2019, o Instituto de Defesa dos Direitos das Religiões Afro-Brasileiras (Idafro). Sediada em São Paulo (SP), a entidade sem fins lucrativos oferece plantão 24 horas para tratar desses casos. Em paralelo, desenvolve projetos sobre o tema em parceria com órgãos públicos, assessorando e orientando sobre os direitos assegurados por lei para os religiosos e adeptos. Além disso, presta serviços como: elaboração de estatutos e legalização da organização religiosa, alvará de funcionamento de templo religioso, habilitação legal do sacerdote, etc. (Alexandre, 2019; Silva Junior, 2019; Souza, 2020).

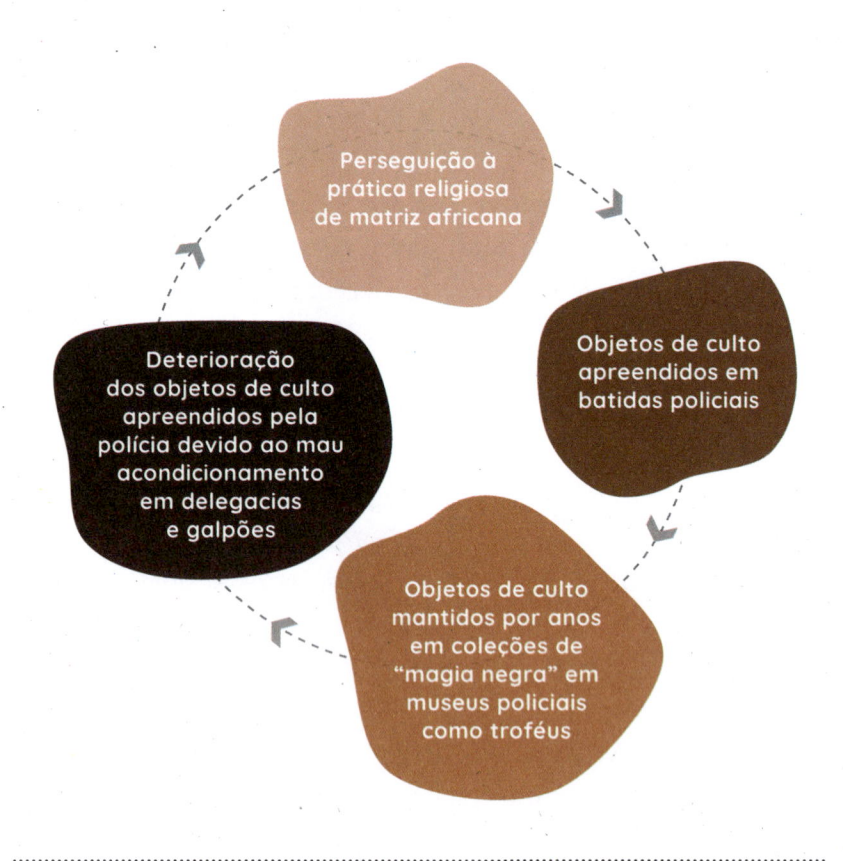

FIGURA 5.3 – PRÁTICAS DE INTOLERÂNCIA RELIGIOSA POR UM ESTADO QUE SE DIZ LAICO

Fonte: Carneiro (2018).

A liberdade de consciência e crença religiosa é assegurada por meio de diferentes dispositivos legais em nosso país, a começar pela Constituição brasileira. No "Capítulo I – Dos Direitos e Deveres Individuais e Coletivos", o item VI do artigo 5º refere: "é inviolável a liberdade de consciência e de crença, sendo assegurado o livre exercício dos cultos religiosos e garantida, na forma da lei, a proteção aos locais de culto e a suas liturgias" (Brasil, 1988, art. 5º, VI). Em 1989, foi instituída a Lei nº 7.716, que definiu a prática de discriminação ou preconceito contra religiões como crime a ser punido com pena de reclusão de 1 a 3 anos, além de multa (Brasil, 1989). Em 2007, foi implementada a Lei nº 11.635, que estabeleceu o dia 21 de janeiro como o Dia Nacional de Combate à Intolerância Religiosa (Brasil, 2007). Em 2010, o artigo 23 do Estatuto da Igualdade Racial reproduziu fielmente o conteúdo do artigo 5º da nossa Constituição sobre o tema (Brasil, 2010). No entanto, apesar dos avanços "no campo normativo, em âmbito nacional", na prática, há um "descompasso entre os compromissos assumidos e as ações efetivamente adotadas pelo Estado brasileiro" (Brasil; MPF; PFDC, 2018, p. 46).

Dia Nacional de Combate à Intolerância Religiosa

O Dia Nacional de Combate à Intolerância Religiosa, celebrado em 21 de janeiro, é um marco na luta por respeito à diversidade religiosa e combate ao racismo no país, sendo celebrado em diversas cidades com atos, marchas, palestras e debates (Santana, 2019).

A data foi escolhida para homenagear Gildásia dos Santos e Santos, conhecida como Mãe Gilda de Ogum, vítima de intolerância religiosa. Mãe Gilda foi uma ativista social que se destacou por sua militância por melhorias no bairro de Nova Brasília de Itapuã, em Salvador (BA). Ela também se notabilizou por ser ialorixá do terreiro de candomblé Ilê Axé Abassá de Ogum, fundado por ela, em 1988, nas imediações da Lagoa do Abaeté (Santana, 2019), e considerado um dos mais importantes da Bahia (Santos, 2020).

Em outubro de 1999, o jornal de uma igreja evangélica nacionalmente conhecida estampou sua capa com uma foto da sacerdotisa em uma matéria intitulada "Macumbeiros charlatões lesam o bolso e a vida dos clientes". A foto havia sido registrada no início da década de 1990, quando Mãe Gilda participava de manifestações em favor do impeachment do então presidente Fernando Collor de Mello, e foi publicada pela primeira vez em uma reportagem da revista *Veja*, em 1992 (Portal Geledés, 2015; Vianna; Costa, 2007).

Após a publicação da matéria no jornal, o terreiro de Mãe Gilda foi invadido e destruído, seu marido foi agredido verbal e fisicamente por religiosos evangélicos. Ela não se recuperou do trauma causado pelo ataque e sofreu um infarto no ano seguinte, falecendo aos 65 anos, em 21 de janeiro de 2000 (Portal Geledés, 2015; Santana, 2019). Em 2005, por decisão do Superior Tribunal de Justiça (STJ), a igreja foi condenada por danos morais e uso indevido da imagem da ialorixá e obrigada a pagar uma indenização à família da líder religiosa (Santos, 2020).

A responsabilização da igreja representou uma vitória para a família e uma conquista da causa coletiva em favor da liberdade religiosa e da democracia, pois, no julgamento, o episódio foi considerado um caso incontestável de intolerância religiosa (Vianna; Costa, 2007). A decisão também reafirmou o enfrentamento da violência de gênero, ao condenar a violência psicológica, física e patrimonial cometida contra uma mulher negra – uma dura realidade vivida cotidianamente por inúmeras mulheres em nosso país (Blanco, 2018).

Em 2014, foi erguido um busto na Praça da Lagoa do Abaeté em homenagem a Mãe Gilda. Até 2020, o monumento havia sido alvo de, pelo menos, dois atos de vandalismo associados à intolerância religiosa (G1 BA, 2020). Em 2016, foi necessário realizar uma restauração completa em razão da gravidade da depredação (Santos, 2020).

Outro marco importante relacionado ao enfrentamento da intolerância religiosa e ao fortalecimento da autoestima de adeptos das religiões de matriz africana foi a reafirmação do direito constitucional ao sacrifício de animais em seus cultos e liturgias. A decisão foi aprovada em 2019, pelo Supremo Tribunal Federal (STF), por unanimidade dos votos (Calvi, 2020). Proibir o abate neste contexto significa "inviabilizar a própria prática dos cultos afro-brasileiros e, assim, proscrever tais religiões" (Brasil; MPF; PFDC, 2018, p. 3). O sacrifício religioso difere do manejo de animais considerado cruel, como o observado em jogos de apostas e em algumas festas e manifestações populares. A proibição de rinhas de galo, farras do boi e vaquejadas é respaldada por lei, e esses contextos não comprometem a liberdade religiosa (Brasil; MPF; PFDC, 2018).

Para Lima (2019), muitos movimentos que se opuseram ao sacrifício de animais nessas cerimônias religiosas não confrontaram o trato cruel dado aos animais em setores como a agropecuária e a indústria da moda. Essa oposição, portanto, ilustra um caso de racismo religioso, pois busca "obstar ou dificultar aspectos de sua liturgia" (Lima, 2019, p. 18).

A celebração do Dia Nacional de Combate à Intolerância Religiosa convida a população a refletir sobre a importância da diversidade das tradições e crenças religiosas na construção da história e cultura de nosso país. Ao mesmo tempo, reafirma a necessidade de respeitarmos o direito à liberdade de culto religioso, de estabelecermos uma convivência pacífica entre os adeptos de credos distintos e de preservarmos o princípio da laicidade do Estado brasileiro (Brasil; CDHM, 2020).

O caráter laico do Estado evita que adeptos de determinado credo interfiram na regência da sociedade e do espaço público ao tentarem impor suas concepções aos demais e à gestão da nação. Nesse sentido, a laicidade está intimamente associada ao regime democrático de direito. A democracia assegura aos adeptos de diferentes crenças o direito igualitário de manifestarem suas concepções morais/religiosas e visão de mundo – exceto se essas concepções prejudicarem outrem (Silva, 2019).

O conceito de laicidade do Estado é adotado desde o século XV como um dos princípios dos sistemas políticos democráticos ocidentais, instituindo assim a independência e a neutralidade do Estado (e de suas normas legais) em relação às crenças para evitar que interfiram nos assuntos públicos. Em paralelo, reconhece e legitima, na mesma proporção, os diferentes credos com o objetivo de preservar a pluralidade de ideias e impedir que algumas se sobreponham às demais. Desse modo, sua função é "assegurar e estabelecer parâmetros de convivência entre convicções morais dissonantes vigentes nas sociedades contemporâneas" (Silva, 2019, p. 280). O estado laico pressupõe a adoção de quatro normas: 1) Garantia do direito à liberdade religiosa: o Estado não pode impedir a "livre expressão da religiosidade e das convicções dos indivíduos ou grupos"; 2) Isonomia no tratamento dado às religiões: o Estado não pode auxiliar, subsidiar ou influenciar, de forma direta ou indireta, determinadas instituições e organizações religiosas em detrimento de outras; 3) Garantia do direito à liberdade de apostasia: o Estado deve garantir a mesma dignidade jurídica para pessoas religiosas e descrentes (ateus e pessoas que renunciaram ou abandonaram uma crença religiosa); e 4) Neutralidade das leis civis: o Estado deve assegurar a separação entre as normas morais de qualquer religião e as leis que regem a sociedade (Ugarte, 2013 *apud* Silva, 2019, p. 281).

A Constituição brasileira aborda a laicidade do Estado no artigo 19, item I, nos seguintes termos:

> É vedado à União, aos Estados, ao Distrito Federal e aos Municípios estabelecer cultos religiosos ou igrejas, subvencioná-los, embaraçar-lhes o funcionamento ou manter com eles, ou com seus representantes, relações de dependência ou aliança, ressalvada, na forma da lei, a colaboração de interesse público (Brasil, 1988, art. 19, I).

O enfrentamento da intolerância religiosa significa "defender o pluralismo e a diversidade cultural dos grupos formadores da sociedade brasileira" (Brasil, 2018, p. 47), e isso depende de uma articulação entre diferentes fatores: é preciso manter os canais de denúncia ao alcance da população e uma imprensa ativa, que garanta visibilidade aos casos de intolerância religiosa e às iniciativas contrárias a esse crime; é necessário também promover espaços e eventos dedicados a sensibilizar, informar e debater o tema com a população, além de assegurar a discussão sobre o assunto nas escolas, abordando-o, como qualquer outro conteúdo escolar, com base em um viés científico e laico.

COLOCANDO EM PRÁTICA

1. **QUAL O OBJETIVO DE DISCUTIR COM OS ESTUDANTES A INTOLERÂNCIA RELIGIOSA?**

O objetivo de discutir a intolerância religiosa em sala de aula é reafirmar que as diferentes tradições, saberes, práticas e crenças religiosas contribuíram para a formação da identidade nacional, da cultura e da história do nosso país. A liberdade de crença e o exercício de culto religioso são direitos constitucionais que devem ser assegurados pelo Estado. A intolerância religiosa configura uma prática racista e deve ser confrontada com a pluralidade religiosa brasileira, de modo a reiterarmos o respeito às diferenças.

2. **AO TRAZER ESSA DISCUSSÃO PARA A SALA DE AULA, O QUE SE ESPERA DOS ESTUDANTES?**

Ao abordarmos o tema intolerância religiosa, esperamos estimular os estudantes a: reconhecer e valorizar a riqueza cultural subjacente à diversidade religiosa existente em nosso país; compreender o significado de um Estado laico e como o exercício religioso está atrelado à democracia; e analisar criticamente a omissão do Estado diante dos casos de intolerância religiosa e da não responsabilização dos agressores, observada sobretudo nos episódios de violência cometidos contra adeptos de religiões afro-brasileiras. Em paralelo, é necessário que reflitam sobre o que significa racismo cultural e como ele se manifesta por meio da intolerância religiosa.

3. **COMO TRABALHAR O TEMA EM SALA DE AULA?**

A Lei nº 10.639, promulgada em 9 de janeiro de 2003, estabelece como obrigatória a inclusão da temática história e cultura afro-brasileira no currículo oficial da rede de ensino. A normativa assegura a abordagem sobre a "História da África e dos Africanos, a luta dos negros no Brasil, a cultura negra brasileira e o negro na formação da sociedade nacional, resgatando a contribuição do povo negro nas áreas social, econômica e política pertinentes à História do Brasil" (Brasil, 2003).

A seguir, são sugeridas algumas possíveis abordagens do tema em sala de aula:

- Problematize com os estudantes em que medida o silenciamento dos casos de racismo religioso, ocorridos dentro e fora do ambiente escolar, e a não abordagem sobre o tema da intolerância religiosa dialogam com o não cumprimento dessa lei. Questione-os sobre a existência de crenças religiosas distintas em nosso país e questione de que maneira os adeptos de religiões diferentes se relacionam entre si (se é de forma cordial, violenta, indiferente, etc.).

- Explore com os estudantes as conexões entre a existência de diversas religiões no Brasil, a riqueza de nossa cultura e a pluralidade da identidade nacional.

- Organize com os estudantes um levantamento dos episódios de racismo religioso cometidos no país nos últimos 5 anos. Identifique a religião à qual pertencem as vítimas e os agressores. Questione-os sobre os motivos que supostamente justificam os atentados e em que medida essas razões refletem a desvalorização dos elementos culturais subjacentes às práticas religiosas desrespeitadas. Em paralelo, interrogue se e como essa violência está atrelada a uma visão superficial, massificada e estereotipada sobre os adeptos de determinadas religiões.

- Discuta com os estudantes a relação entre racismo biológico, racismo cultural, racismo estrutural e intolerância religiosa.

- Incentive os estudantes a pesquisar sobre estratégias de enfrentamento do racismo religioso na literatura, arte e mídia em nosso país, identificando livros, exposições artísticas, reportagens, poesias, letras de música, pinturas, grafites, etc. que abordem criticamente o tema e se proponham a sensibilizar a população sobre o assunto.

Reflita com a turma o uso das expressões: *racismo cultural*, *racismo estrutural*, *intolerância religiosa*, *racismo religioso* e *diversidade cultural e religiosa*.

A Rede de Combate ao Racismo e à Intolerância Religiosa do Estado da Bahia foi criada em 2011 com o objetivo de ser "um instrumento de articulação entre o Poder Público e a Sociedade Civil para a implementação da política de promoção da igualdade racial no que tange ao enfrentamento ao racismo e à intolerância religiosa" (Bahia, [*s. d.*]). A rede é coordenada pela Secretaria de Promoção da Igualdade Racial do Estado (Sepromi) e é composta por diferentes atores sociais, como universidades federais e estaduais, organizações da sociedade civil da capital baiana e do interior do estado, instituições do poder público, órgãos do sistema de justiça e polícia militar.

Entre as ações desempenhadas pelos componentes da rede, é possível citar: 1) O atendimento e acompanhamento de pessoas vítimas de racismo e intolerância religiosa; 2) A composição de um banco de dados sobre as denúncias, com divulgação de informações sobre casos de racismo e intolerância religiosa ocorridos no país; 3) A produção científico-acadêmica sobre o tema; e 4) A formação de agentes multiplicadores sobre a legislação antirracista e anti-intolerância religiosa, etc.

O Exame Nacional do Ensino Médio (Enem) – principal forma de admissão à educação superior –, realizado pelo Instituto Nacional de Estudos e Pesquisas Educacionais Anísio Teixeira (Inep), vinculado ao Ministério da Educação do Brasil (MEC), abordou a intolerância religiosa na prova de redação de 2016 com o seguinte tema: "Caminhos para combater a intolerância religiosa no Brasil". Tal ação foi extremamente importante para debater o assunto com milhões de estudantes e fazê-los refletir, com base em textos motivadores, sobre a liberdade religiosa garantida pela Constituição Federal do Brasil, sobre a criminalização de práticas contra o sentimento religioso, preconizado pelo Código Penal brasileiro, e estatísticas acerca de como a intolerância religiosa afeta principalmente praticantes de religiões afro-brasileiras no país.

SUGESTÃO DE LEITURA

Sugerimos a seguinte leitura para ampliar o entendimento sobre intolerância religiosa e laicidade no Brasil:

- "Laicidade à brasileira: católicos, protestantes e laicos em disputa na esfera pública", artigo de Ricardo Mariano, publicado em *Civitas* (Porto Alegre, v. 11, n. 2, p. 238-258, maio/ago. 2011).

SUGESTÕES DE VÍDEOS

"Racismo religioso" – *David Umbanda* (2020)

O vídeo conceitua o termo racismo religioso, além de problematizar o termo "tolerância". Expõe também a banalização dos episódios de intolerância religiosa contra adeptos de religiões afro-indígenas no país.

Disponível em: https://www.youtube.com/watch?v=-5-9hdkiMmk. Acesso em: 5 ago. 2024.

● ● ●

"Racismo religioso" – *UFRPE* (2017)

O vídeo exibe o depoimento da professora e ialorixá Maria Denise Botelho sobre o conceito de racismo religioso.

Disponível em: https://www.youtube.com/watch?v=UbajJvqKfUk. Acesso em: 5 ago. 2024.

● ● ●

"A intolerância religiosa nas escolas" – *O Globo* (2017)

O vídeo exibe o depoimento da professora Stela Guedes, do Grupo Kéreré, que pesquisa há 20 anos a discriminação cometida contra crianças do candomblé, dentro e fora do ambiente escolar.

Disponível em: https://www.youtube.com/watch?v=XmvhMvcBkgk. Acesso em: 5 ago. 2024.

Frente Nacional Makota Valdina

A Frente Nacional Makota Valdina aborda o tema da intolerância religiosa na perspectiva das religiões de matriz africana, como um fórum de defesa da pluralidade e do Estado laico.

Visite o perfil do Instagram: @frentemakotavaldina

Ela faz assim

Pesquise nas plataformas digitais o podcast *Ela faz assim*, produzido pelo Canal Futura. No episódio 8, de setembro de 2020, o tema discutido é intolerância e racismo religioso.

Disponível em: https://open.spotify.com/episode/5r7mBP-31jpa952Wb9RQtDW?si=c32f027ab38246bd. Acesso em: 13 ago. 2024.

Referências

ALEXANDRE, Claudia. Instituto de Defesa dos Direitos das Religiões Afro-Brasileiras será lançado em São Paulo e quer frear crescentes casos de intolerância. **Portal Geledés**, 8 abr. 2019. Disponível em: https://www.geledes.org.br/instituto-de-defesa-dos-direitos-das-religioes-afro-brasileiras-sera-lancado-em-sao-paulo-e-quer-frear-crescentes-casos-de-intolerancia/. Acesso em: 5 ago. 2024.

BAHIA. Rede de Combate ao Racismo e à Intolerância Religiosa. **Plataforma GESPIR**, [*s. d.*]. Disponível em: http://www.forumgespir.sepromi.ba.gov.br/rede-de-combate-ao-racismo-e-a-intolerancia-religiosa/. Acesso em: 23 ago. 2024.

BLANCO, Natália. Mãe Gilda vive, apesar da intolerância, racismo e violência, Mãe Gilda resiste! **Koinonia – Presença Ecumênica e Serviço**, 28 nov. 2018. Disponível em: https://koinonia.org.br/noticias/mae-gilda-vive-apesar-da-intolerancia-racismo-e-violencia-mae-gilda-resiste-actuandounidas/6403. Acesso em: 5 ago. 2024.

BRASIL. **Constituição da República Federativa do Brasil**. 1988. Disponível em: http://www.planalto.gov.br/ccivil_03/constituicao/constituicao.htm. Acesso em: 5 ago. 2024.

BRASIL. **Lei nº 7.716, de 5 de janeiro de 1989**. Define os crimes resultantes de preconceito de raça ou de cor. 1989. Disponível em: https://www.planalto.gov.br/ccivil_03/leis/l7716.htm. Acesso em: 22 ago. 2024.

BRASIL. **Lei nº 10.639, de 9 de janeiro de 2003**. Estabelece as diretrizes e bases da educação nacional, para incluir no currículo oficial da Rede de Ensino a obrigatoriedade da temática "História e Cultura Afro-Brasileira". 2003. Disponível em: http://www.planalto.gov.br/ccivil_03/leis/2003/l10.639.htm. Acesso em: 5 ago. 2024.

BRASIL. **Lei nº 11.635, de 27 de dezembro de 2007**. Institui o Dia Nacional de Combate à Intolerância Religiosa. 2007. Disponível em: https://www.normasbrasil.com.br/norma/lei-11635-2007_86230.html. Acesso em: 5 ago. 2024.

BRASIL. **Lei nº 12.288, de 20 de julho de 2010**. Institui o Estatuto da Igualdade Racial; altera as Leis nᵒˢ 7.716, de 5 de janeiro de 1989, 9.029, de 13 de abril de 1995, 7.347, de 24 de julho de 1985, e 10.778, de 24 de novembro de 2003. 2010. Disponível em: https://www.planalto.gov.br/ccivil_03/_ato2007-2010/2010/lei/l12288.htm. Acesso em: 22 ago. 2024.

BRASIL. Câmara dos Deputados. Comissão de Direitos Humanos e Minorias (CDHM). **Ofício nº 386/2020-P, de 31 de julho de 2020**. 2020. Disponível em: https://www2.camara.leg.br/atividade-legislativa/comissoes/comissoespermanentes/cdhm/noticias/onu-matriz-africana. Acesso em: 5 ago. 2024.

BRASIL. Ministério da Mulher, da Família e dos Direitos Humanos. Ministério celebra o Dia Mundial da Religião e Dia Nacional de Combate à Intolerância Religiosa. **gov.br**, 1º nov. 2022. Disponível em: https://www.gov.br/mdh/pt-br/assuntos/noticias/2020-2/janeiro/ministerio-celebra-o-dia-mundial-da-religiao-e-dia-nacional-de-combate-a-intolerancia-religiosa. Acesso em: 5 ago. 2024.

BRASIL. Ministério Público Federal (MPF). Procuradoria Federal dos Direitos do Cidadão (PFDC). **Nota Técnica: Livre exercício dos cultos e liturgias das religiões de matriz africana. Estudo da relatoria: estado laico e combate à violência religiosa**. Brasília, 3 ago. 2018. Disponível em: https://biblioteca.mpf.mp.br/server/api/core/bitstreams/f4159ecf-3caf-4911-90e8-159f1af83b61/content. Acesso em: 5 ago. 2024.

CALVI, Pedro. Presidência da CDHM, frentes parlamentares e entidades da sociedade civil reportam à ONU violência contra religiões de matriz africana. **Câmara dos Deputados**, 3 ago. 2024. Disponível em: https://www2.camara.leg.br/atividade-legislativa/comissoes/comissoes-permanentes/cdhm/noticias/presidencia-da-cdhm-frentes-parlamentares-e-entidades-da-sociedade-civil-reportam-a-onu-violencia-contra-religioes-de-matriz-africana. Acesso em: 5 ago. 2024.

CARNEIRO, Júlia Dias. A longa luta para tirar itens sagrados de umbanda e candomblé do Museu da Polícia, que os confiscou há mais de um século. **BBC News Brasil**, 20 ago. 2024. Disponível em: https://www.bbc.com/portuguese/brasil-49377670. Acesso em: 22 ago. 2024.

ESTADOS E CIDADES. Religiões e igrejas em Salvador: católicos e evangélicos. **Estados e Cidades**, [*s. d.*]. Disponível em: https://www.estadosecidades.com.br/ba/salvador-ba_religioes.html. Acesso em: 27 ago. 2024.

FANTÁSTICO. Brasil tem aumento de denúncias de intolerância religiosa; veja avanços e desafios no combate ao crime. **G1 Fantástico**, 21 jan. 2024. Disponível em: https://g1.globo.com/fantastico/noticia/2024/01/21/brasil-tem-aumento-de-denuncias-de-intolerancia-religiosa-veja-avancos-e-desafios-no-combate-ao-crime.ghtml. Acesso em: 21 ago. 2024.

FERNANDES, Diogo; ARAÚJO, Jamile. Por que racismo religioso e não apenas intolerância religiosa? **Brasil de Fato**, 11 jul. 2019. Disponível em: https://www.brasildefatoba.com.br/2019/07/11/por-que-racismo-religioso-e-nao-apenas-intolerancia-religiosa. Acesso em: 5 ago. 2024.

G1 BA. Busto de Mãe Gilda é alvo de vandalismo em Salvador; suspeito foi levado para delegacia. **G1 BA**, 15 jul. 2020. Disponível em: https://g1.globo.com/ba/bahia/noticia/2020/07/15/busto-de-mae-gilda-e-alvo-de-vandalismo-em-salvador-suspeito-foi-levado-para-delegacia.ghtml. Acesso em: 23 ago. 2024.

LIMA, Emanuel Fonseca. Racismo no plural: um ensaio sobre o conceito de racismos. *In*: LIMA, Emanuel Fonseca *et al.* (org.). **Ensaios sobre racismos**: pensamento de fronteira. São Paulo: Balão Editorial, 2019.

MINISTÉRIO PÚBLICO FEDERAL (MPF). Procuradoria Federal dos Direitos do Cidadão (PFDC). **Nota Técnica: Livre exercício dos cultos e liturgias das religiões de matriz africana. Estudo da relatoria: estado laico e combate à violência religiosa**. Brasília, 3 ago. 2018. Disponível em: https://biblioteca.mpf.mp.br/server/api/core/bitstreams/f4159ecf-3caf-4911-90e8-159f1af83b61/content. Acesso em: 5 ago.2024.

PORTAL GELEDÉS. Hoje na História, 21 de janeiro – Dia Nacional de Combate à Intolerância Religiosa. **Portal Geledés**, 21 jan. 2015. Disponível em: https://www.geledes.org.br/hoje-na-historia-21-de-janeiro-dia-nacional-de-combate-intolerancia-religiosa-2/. Acesso em: 5 ago. 2024.

SANTANA, Mateus. 21 de janeiro, Dia Nacional de Combate à Intolerância Religiosa. **Fundação Cultural Palmares**, 21 jan. 2019. Disponível em: http://www.palmares.gov.br/?p=53045. Acesso em: 24 set. 2020.

SANTOS, Alexandre. Homem é preso por vandalizar estátua de mãe de santo: "A mando de Deus". **Uol Cotidiano**, 16 jul. 2020. Disponível em: https://noticias.uol.com.br/cotidiano/ultimas-noticias/2020/07/16/busto-que-homenageia-mae-gilda-e-alvo-de-novo-vandalismo-em-salvador-ba.htm. Acesso em: 5 ago. 2024.

SANTOS, Carlos Alberto Ivanir dos; DIAS, Bruno Bonsanto; SANTOS, Luan Costa Ivanir dos. **II Relatório sobre Intolerância Religiosa**: Brasil, América Latina e Caribe. 1. ed. Rio de Janeiro: Ceap, 2023.

SILVA, Luis Gustavo Teixeira da. Laicidade do Estado: dimensões analítico-conceituais e suas estruturas normativas de funcionamento. **Sociologias**, Porto Alegre, v. 21, n. 51, p. 278-304, ago. 2019. Disponível em: https://www.scielo.br/scielo.php?script=sci_arttext&pid=S1517-45222019000200278. Acesso em: 5 ago. 2024.

SILVA JUNIOR, Hedio. Surge uma Instituição Nacional de Defesa das Religiões de Matrizes Africanas. **Revista Raça**, 9 abr. 2019. Disponível em: https://revistaraca.com.br/surge-uma-instituicao-nacional-de-defesa-das-religioes-de-matrizes-africanas/?fbclid=IwAR2_OB8xgUYF9b_C_yZsV_rNjCW6fZb2SGXwGnRYpPN8eAEiUIPyMbUYgmk. Acesso em: 5 ago. 2024.

SOUZA, Marina Duarte de. Denúncias de intolerância religiosa aumentaram 56% no Brasil em 2019. **Brasil de Fato**, 21 jan. 2020. Disponível em: https://www.brasildefato.com.br/2020/01/21/denuncias-de-intolerancia-religiosa-aumentaram-56-no-brasil-em-2019. Acesso em: 5 ago. 2024.

VIANNA, Manoela; COSTA, Helena. Mãe Gilda: inspiração e símbolo de luta. **Koinonia – Presença Ecumênica e Serviço**, 21 jan. 2007. Disponível em: https://koinonia.org.br/noticias/mae-gilda-inspiracao-e-simbolo-de-luta/312. Acesso em: 5 ago. 2024.

VICK, Mariana. O ataque à estátua de Mãe Stella de Oxóssi e a escalada intolerante. **Nexo**, 28 dez. 2023. Disponível em: https://www.nexojornal.com.br/expresso/2022/12/05/o-ataque-a-estatua-de-mae-stella-de-oxossi-e-a-escalada-intolerante. Acesso em: 21 ago. 2024.

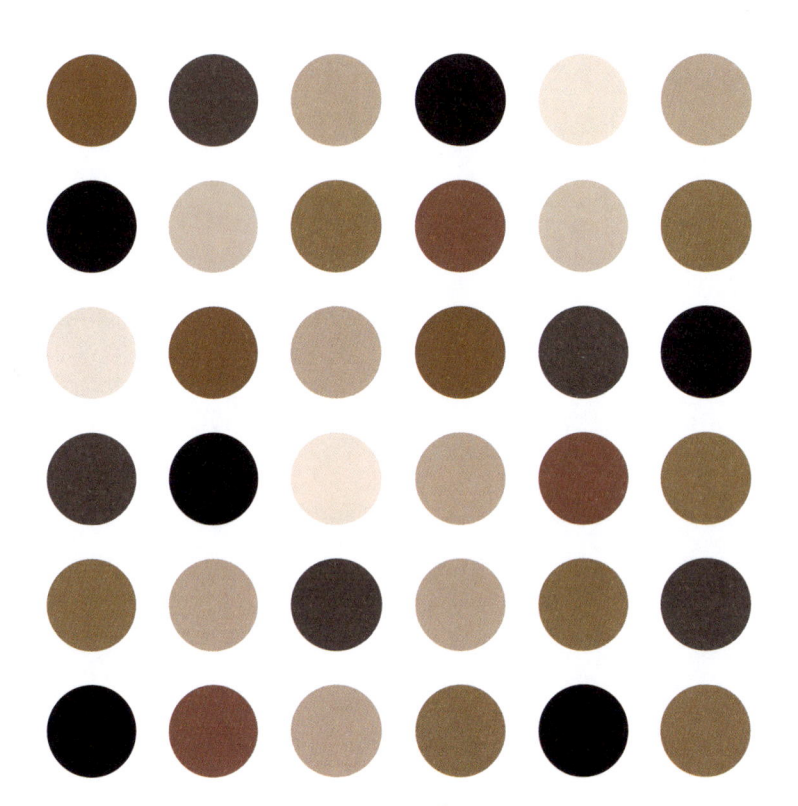

6

Tokenismo, segregação e discriminação algorítmica na inteligência artificial

Docente, você já pensou sobre como o preconceito racial e de gênero podem influenciar na produção de tecnologias em nossa sociedade? Você já ouviu falar sobre tokenismo? Para refletir sobre esses assuntos, é importante conhecer um pouco mais sobre o que são e como funcionam os algoritmos discriminatórios.

O desenvolvimento tecnológico tem favorecido cada vez mais a incorporação de máquinas e outros dispositivos em nosso cotidiano, nos auxiliando na realização de tarefas e, até mesmo, substituindo os seres humanos na execução de ações complexas. Equipados com inteligência artificial (IA) e instruídos por pessoas, os robôs são ensinados a operar de acordo com determinados critérios, de modo a atender a algum interesse e/ou necessidade humana. Eles são programados para reconhecer e analisar padrões, regras, possibilidades, entre outros parâmetros existentes em uma ampla base de dados, e, por meio de operações lógicas e métodos estatísticos, são capazes de realizar algumas tarefas e fazer previsões, dependendo minimamente da intervenção humana.

A subárea da inteligência artificial responsável por esse empreendimento é denominada *machine learning* ("aprendizado de máquina", em tradução livre). Atualmente, existem várias técnicas para treinar modelos e replicar padrões mediante a aprendizagem de máquina (Geronasso, 2020).

A denominação "tecnologia inteligente" é atribuída a "dispositivos e softwares capazes de aperfeiçoarem (sua performance) de forma autônoma, [...] baseando-se em experiências anteriores" (VDI Brasil, 2020). Os algoritmos inteligentes estão presentes em nosso cotidiano de diferentes formas, a exemplo de aplicativos usados para encontrar um endereço e nas recomendações de produtos para compra, acesso a vídeos ou contatos em redes sociais sugeridas com base em nossas escolhas prévias.

Similar ao observado em outros aspectos de nossas vidas, o viés discriminatório está presente no cenário tecnológico e é reproduzido por alguns dispositivos e ferramentas. Isso porque os desenvolvedores dessas tecnologias adotam determinados padrões para orientá-las e treiná-las, as quais, por sua vez, acabam reproduzindo valores e atitudes preconceituosos (racistas, machistas) aprendidos (e reproduzidos) ao longo da vida pelas pessoas (Geronasso, 2020), refletindo, assim, o preconceito estrutural de nossa sociedade. Em outras palavras, os algoritmos identificam e reproduzem padrões sociais discriminatórios quando utilizados para determinadas finalidades, resultando na "discriminação algorítmica" (VDI Brasil, 2020). Portanto, são considerados "algoritmos discriminatórios" (Geronasso, 2020).

O problema dos algoritmos discriminatórios atinge direta e diferentemente o dia a dia de inúmeras pessoas, negras e não negras, de diferentes classes sociais. Eles acentuam a exclusão social de determinadas pessoas e grupos, impondo ainda mais limites ao seu protagonismo em nossa sociedade. O preconceito é reafirmado, sobretudo, na negação do espaço de fala das pessoas cujo perfil difere dos parâmetros hegemônicos (Geronasso, 2020). Assim, o enfrentamento do racismo e da discriminação de gênero deve incluir o cenário tecnológico.

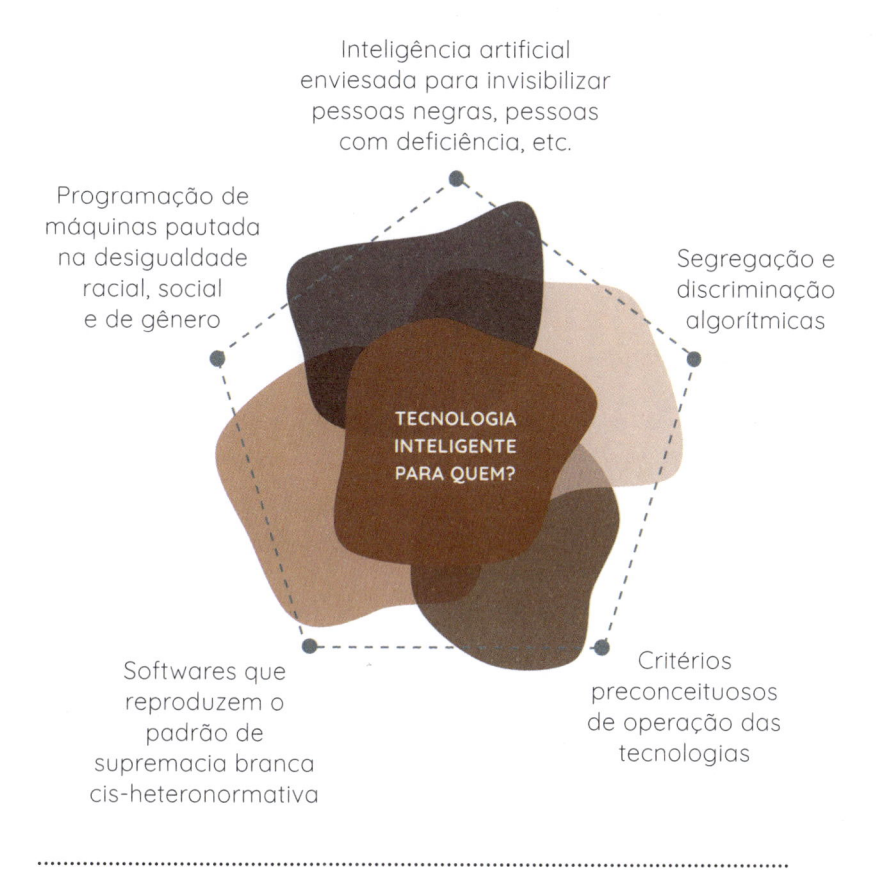

FIGURA 6.1 O QUE HÁ POR TRÁS DE UMA TECNOLOGIA QUE SE DIZ "INTELIGENTE"?

O tratamento dado a esses segmentos sociais, considerados "menos representativos" pelos algoritmos, contrasta com sua robusta representação numérica na vida real. O censo promovido pelo Instituto Brasileiro de Geografia e Estatística (IBGE), em 2022, revelou que 55% da população brasileira se autodeclarou preta e parda; e 51,5% da população total é do sexo feminino (IBGE, [*s. d.*]a; IBGE, [*s. d.*]b). Esses números se contrapõem ainda ao perfil dominante dos profissionais no mercado de trabalho, sobretudo ocupando cargos gerenciais. O relatório "Desigualdades sociais por cor ou raça no Brasil", divulgado pelo IBGE em 2019, revelou que, em 2010, apenas 5,3% dos cargos executivos eram ocupados por negros. Em 2018, esse número alcançou 11,9% (Geronasso, 2020).

Um estudo sobre diversidade étnico-racial, realizado, em 2016, pelo Instituto Ethos, junto às 500 maiores empresas brasileiras, revelou que pessoas negras ocupavam apenas 4,9% dos cargos de conselho de administração; 5,8% no quadro executivo; 25,9% em supervisão; e 6,3% em gerência (VDI Brasil, 2020). A representatividade de pessoas negras em cargos gerenciais é tímida, se comparada ao índice de 85,9% alcançado por pessoas brancas de ambos os sexos desempenhando tais funções (IBGE, 2018 *apud* Geronasso, 2020).

É possível citar alguns exemplos de algoritmos discriminatórios racistas: 1) Aplicativos que simulam mudanças de aparência, como envelhecimento ou mudança de sexo, tendem a deixar mais claro o tom de pele de pessoas negras. Isso ocorre porque a amostra de milhares de imagens escolhidas pelos desenvolvedores para treinar o algoritmo é composta majoritariamente por pessoas brancas; 2) Algoritmos usados para auxiliar no diagnóstico e tratamento de algumas doenças também apresentam um viés discriminatório em função da inclusão limitada de participantes não brancos nos testes clínicos. A amostra de dados se torna enviesada, pois inclui apenas uma pequena parcela de populações consideradas "minoritárias". Essa exclusão invisibiliza o maior risco atribuído a algumas populações de desenvolver determinadas doenças (por exemplo, o índice de doença falciforme é maior entre pessoas negras) (Geronasso, 2020).

Também é possível referir exemplos de algoritmos discriminatórios machistas: 1) Nos Estados Unidos, um cartão de crédito criado por uma *big tech* e oferecido a seus clientes disponibilizava *scores* de crédito superiores a homens, quando comparados a mulheres com propriedades, recursos financeiros e declaração de impostos federais equivalentes; 2) Para reduzir custos do departamento de recursos humanos, uma grande empresa de comércio eletrônico adotou um processo de filtragem de currículos automatizado por algoritmos que se baseavam em contratações bem-sucedidas realizadas na empresa na década anterior para selecionar as novas contratações. Em razão da natureza da amostra, que correspondia, em sua maioria, a homens, o algoritmo aprendeu que os homens deveriam ter a preferência, penalizando currículos que fizessem referência a candidatas mulheres (Geronasso, 2020).

A transformação dessa realidade depende do esforço de diferentes atores sociais. O assunto vem sendo pesquisado nos últimos anos, estimulando uma discussão crítica acerca do tema. Uma importante pesquisadora da área é Joy Adowaa Buolamwini, cientista da computação ganense-americana, ativista digital e fundadora da organização Algorithmic Justice League ("Liga da Justiça Algorítmica", em tradução livre). Vinculada ao MIT Media Lab, organização acadêmica e de pesquisa sobre artes e ciências da mídia (Joy Buolamwini, [*s. d.*]b), Joy discute o "viés racial e de gênero nos serviços de IA" de grandes empresas no ramo tecnológico. Ela também atua como consultora de líderes e executivos de tecnologia sobre como reduzir os danos associados aos algoritmos discriminatórios (Joy Buolamwini, [*s. d.*]a).

Nas escolas e universidades, é preciso fomentar a reflexão crítica sobre a influência de determinados padrões e conceitos na (re)produção de conhecimentos e práticas, e fundamentá-los na realidade vivida pelas pessoas, sobretudo as especificidades, recursos e limitações de populações excluídas dos ambientes escolares e acadêmicos. Desse modo, contribuímos para humanizar a formação de futuros profissionais, enfatizando o protagonismo cidadão, e ainda para a incorporação dos temas "diversidade" e "inclusão" nos debates promovidos em eventos científicos, fóruns e outros espaços de formação profissional (VDI Brasil, 2020).

Também é necessário que as empresas invistam em iniciativas que estimulem a diversidade e o pensamento inclusivo no cenário corporativo. Isso inclui o recrutamento de pessoas com diferentes perfis (não valorizados por padrões hegemônicos); a definição de metas que promovam a equidade racial e de gênero; a inclusão da diversidade no treinamento dos algoritmos; e o investimento na comunicação e sensibilização dos profissionais sobre os "modelos tendenciosos" (Geronasso, 2020). Porém, muitas companhias realizam essas ações apenas para aumentar sua popularidade e melhorar sua imagem no mercado, sem abraçar concretamente a causa, promovendo uma falsa sensação de inclusão – essa prática é denominada "tokenismo". Algumas instituições atribuem ao representante de um determinado grupo (por exemplo, um funcionário negro) a responsabilidade de cuidar da pauta racial da empresa, embora não ofereçam nenhum tipo de preparação ou respaldo teórico para as decisões e ações adotadas. A empresa deve garantir não apenas representatividade, mas a participação e o protagonismo dessas pessoas em decisões importantes, como a ascensão a cargos de liderança. Outra estratégia utilizada consiste na contratação de um "auditor de viés algorítmico" – "profissional [...] responsável por desenvolver e programar sistemas que atuam para evitar qualquer tipo de discriminação algorítmica" (VDI Brasil, 2020).

1. QUAL O OBJETIVO DE DISCUTIR COM OS ESTUDANTES A SEGREGAÇÃO E A DISCRIMINAÇÃO ALGORÍTMICA NA INTELIGÊNCIA ARTIFICIAL?

Discutir a segregação e a discriminação algorítmica na inteligência artificial amplia a visão crítica sobre os interesses socioeconômicos e políticos subjacentes à manutenção de uma sociedade desigual, alertando os estudantes a respeito das diversas estratégias utilizadas para (re)produzir modos de pensar e agir contrários à promoção de direitos para todos.

2. AO TRAZER ESSA DISCUSSÃO PARA A SALA DE AULA, O QUE SE ESPERA DOS ESTUDANTES?

Ao abordar o tema, esperamos despertar nos estudantes um olhar atento e crítico à existência de algoritmos segregatórios, estimulando-os a analisar valores e interesses implícitos na programação de máquinas e a avaliar o impacto social, a médio e a longo prazo, causado pelo emprego enviesado dessas tecnologias na vida de diferentes pessoas. Esperamos ainda que reflitam sobre medidas e ações que podem ser implementadas para contornar esse problema nas empresas de tecnologia, nas instituições de ensino e em outros espaços em seu cotidiano.

O viés discriminatório, reproduzido por equipamentos e softwares, não deve ser tratado como algo "inconsciente", "que passa despercebido", ou como resultado da desinformação dos desenvolvedores e das empresas de tecnologia. É preciso reconhecer a responsabilidade dos especialistas de computação e das instituições na manutenção de valores e parâmetros pautados na desigualdade.

3. COMO TRABALHAR O TEMA EM SALA DE AULA?

Algumas atividades sugeridas:

- Pesquisar duas ou mais reportagens sobre o tema, a fim de identificar, nas tecnologias produzidas, os tipos de vieses algorítmicos, as estratégias que (não) têm sido adotadas pelas empresas para enfrentar o preconceito racial e de gênero e como a mídia trata o assunto.

- Assistir a um vídeo sobre o tema, buscando explorar o impacto social de tecnologias baseadas em algoritmos segregatórios para diferentes pessoas (homens e mulheres, pessoas brancas e negras, pessoas com baixo e alto poder aquisitivo, etc.), em circunstâncias distintas (mercado de trabalho, acesso à saúde, etc.).

- Pesquisar o trabalho de profissionais engajados na proposição de críticas e de mudanças a tecnologias discriminatórias; e discutir na sala de aula o valor social e o grau de visibilidade dado a esses estudos.

PENSANDO VOCÁBULOS

Reflita com a turma o uso de nomenclaturas como: *tecnologia inteligente*, *viés algorítmico*, *segregação e discriminação algorítmicas* e *tokenismo*.

Durante a pandemia do novo coronavírus, em 2020, a empresa brasileira Magazine Luiza, visando à diversidade racial para cargos de liderança, abriu estágio para seu programa de trainees 2021 apenas para candidatos negros. A iniciativa gerou protestos e trouxe à tona a ideia de "racismo reverso" contra os brancos. Na contramão de ações como as da empresa, o então diretor da Fundação Palmares, Sérgio Nascimento Camargo, que assumia uma posição política de direita, afirmou que não existe racismo estrutural no Brasil.

Algumas empresas do ramo de tecnologia já promovem ações que incentivam a inclusão de pessoas com deficiência e o enfrentamento das desigualdades raciais e de gênero no ambiente corporativo. Como exemplo, é possível citar a multinacional brasileira CI&T, que desenvolve soluções digitais para diversas empresas. Desde 2016, a CI&T tem investido na inclusão de pessoas com deficiência em seu quadro profissional e mantém um analista dedicado ao assunto no setor de recursos humanos (RH). Em 2017, atrelado ao RH, foi criado o Instituto CI&T, que tem como objetivo promover o ensino de tecnologias e o aperfeiçoamento de pessoas com deficiência por meio de um treinamento sobre linguagens de programação básicas. Em 2018, o trabalho foi premiado com o Reconhecimento Global na Organização das Nações Unidas (ONU) por Boas Práticas de Empregabilidade para Trabalhadores com Deficiência (CI&T, 2018). Atualmente, as ações do Instituto são mantidas por meio da atuação voluntária de funcionários da empresa e de parcerias estabelecidas com algumas organizações não governamentais (ONGs).

Posteriormente, o trabalho foi ampliado a outros públicos-alvo. Em 2019, foi realizada a sensibilização de adolescentes mulheres buscando apresentar-lhes as áreas de tecnologia e incentivá-las a ingressar nessas carreiras, trabalho também realizado em um cursinho preparatório de uma ONG para uma escola paulista de ensino médio. Em 2020, foi promovido um treinamento sobre o uso de tecnologias dirigido a adultos transexuais.

Ainda no ano de 2019, a CI&T adotou um indicador corporativo denominado "diversidade e inclusão", a fim de garantir entre seus funcionários ao menos 35% de pessoas pertencentes a grupos considerados minorizados, como pessoas negras, pessoas com deficiência, mulheres e comunidade LGBTQIAPN+[1]. Em paralelo, o setor de RH estendeu a discussão para todas as unidades de negócios. Investiu-se na sensibilização da alta liderança da empresa, na divulgação dos conceitos e relevância social do tema, e na formação de grupos de discussão e comitês de diversidade (os quais, posteriormente, constituíram "grupos de afinidade" dedicados a tratar essas questões de forma mais aprofundada, considerando as especificidades de cada grupo minorizado). Em 2020, também foram iniciados programas de recrutamento e de qualificação, executados em parceria com ONGs e outras instituições, que se destinavam a membros de grupos minorizados que já atuavam na área de tecnologia e/ou que possuíam outra formação, mas tinham interesse em migrar para o setor.

O enfrentamento da desigualdade racial no ambiente corporativo incluiu outras iniciativas. A empresa realizou um levantamento dos funcionários negros, pessoas abaixo da média salarial e/ou profissionais que permanecem ocupando os mesmos cargos desempenhados desde o início de suas carreiras. Há uma meta anual a ser atingida por toda a instituição, no que se refere à contratação e manutenção de profissionais negros, aliada ao trabalho educativo dos membros das equipes que irão atuar com eles. Confira no link a seguir uma videoconferência que traz depoimentos de Solange Sobral, vice-presidente (VP) partner de operações na CI&T, e Michelle Lopes, jornalista e analista de marketing digital, sobre a importância e a preocupação da CI&T em promover a diversidade no ambiente institucional, além de discutir as diferenças entre igualdade e equidade:

"Mulheres no mercado de trabalho: uma reflexão sobre equidade" – *IBEF Campinas Interior Paulista* (2020). Disponível em: https://www.youtube.com/watch?v=6-jxFP1dF60. Acesso em: 12 ago. 2024.

---

1 Pessoas lésbicas, gays, bissexuais, travestis, transexuais, queer, intersexuais, assexuais, pansexuais, não binárias e outras identidades de gênero e orientações sexuais.

Sugerimos as seguintes leituras para ampliar o entendimento sobre tokenismo, segregação e discriminação algorítmica:

- "Inteligência artificial, o caminho para um novo *apartheid*", texto de Christian Geronasso (17 mar. 2020). Disponível em: https://www.vdibrasil.com/inteligencia-artificial-o-caminho-para-um-novo-arpartheid/. Acesso em: 12 ago. 2024.

- "Tokenismo e discriminação algorítmica", texto publicado em *VDI Brasil* (15 jan. 2020). Disponível em: https://www.vdibrasil.com/tokenismo-e-discriminacao-algoritmica/. Acesso em: 12 ago. 2024.

- "Racismo algorítmico em plataformas digitais: microagressões e discriminação em código", texto de Tarcízio Silva, publicado na obra *Comunidades, algoritmos e ativismos digitais: olhares afrodiaspóricos* (organizada pelo autor) (São Paulo: LiteraRUA, 2020). Disponível em: https://www.academia.edu/42254259/Comunidades_Algoritmos_e_Ativismos_olhares_afrodiasporicos. Acesso em: 12 ago. 2024.

"Joy Buolamwini: How I'm fighting bias in algorithms"
["Como estou combatendo o viés nos algoritmos",
em tradução livre] – *TEDxBeaconStreet* (2016)

Neste vídeo, Joy Buolamwini expõe como algoritmos, especialmente os de reconhecimento facial, podem ser tendenciosos contra mulheres e pessoas negras. Ela compartilha suas experiências pessoais com essa forma de discriminação e destaca a importância de aumentar a diversidade na base de dados dessas tecnologias, para garantir mais equidade e justiça na inteligência artificial.

Disponível em: https://www.ted.com/talks/joy_buolamwini_how_i_m_fighting_bias_in_algorithms#t-4755. Acesso em: 12 ago. 2024.

How well do IBM, Microsoft, and Face++ AI services guess the gender of a face? ["Até que ponto os serviços das empresas IBM, Microsoft e Face++ adivinham o gênero de um rosto?", em tradução livre] – *Gender Shades* (2018)

Neste vídeo, Joy Buolamwini avalia como algoritmos de grandes empresas de tecnologia apresentam falhas significativas ao identificar o gênero de pessoas não brancas, especialmente mulheres negras. Os serviços de reconhecimento facial demonstram um viés considerável, respondendo com maior precisão quando se trata de homens brancos, evidenciando a desigualdade de desempenho entre diferentes grupos raciais e de gênero.

Disponível em: http://gendershades.org/. Acesso em: 12 ago. 2024.

CONHEÇA TAMBÉM

Tarcízio Silva

Visite a página na internet do pesquisador brasileiro Tarcízio Silva. Em seu texto "Linha do tempo do racismo algorítmico: casos, dados e reações", ele discute o racismo algorítmico, além de manter um mapeamento de casos que evidenciam o uso de algoritmos discriminatórios.

Disponível em: https://tarciziosilva.com.br/blog/posts/racismo-algoritmico-linha-do-tempo/. Acesso em: 12 ago. 2024.

Referências

BRAGA, Kelcy Mayumi Matsuda. Gerente Sênior de Recursos Humanos. Setor de Diversidade, Inclusão e Transformação Social – CI&T. Depoimento informal concedido em 18 set. 2020.

CI&T. CI&T é premiada na ONU por práticas de inclusão de pessoas com deficiência. **CI&T**, 26 dez. 2018. Disponível em: https://ciandt.com/br/pt-br/announcement/ciandt-e-premiada-na-onu-por-praticas-de-inclusao-de-pessoas-com-deficiencia. Acesso em: 12 ago. 2024.

GERONASSO, Christian. Inteligência artificial, o caminho para um novo *apartheid*. **VDI Brasil**, 17 mar. 2020. Disponível em: https://www.vdibrasil.com/inteligencia-artificial-o-caminho-para-um-novo-arpartheid/. Acesso em: 12 ago. 2024.

INSTITUTO BRASILEIRO DE GEOGRAFIA E ESTATÍSTICA (IBGE). Conheça o Brasil – População: Cor ou raça. **IBGE Educa Jovens**, [*s. d.*]a. Disponível em: https://educa.ibge.gov.br/jovens/conheca-o-brasil/populacao/18319-cor-ou-raca.html. Acesso em: 13 ago. 2024.

INSTITUTO BRASILEIRO DE GEOGRAFIA E ESTATÍSTICA (IBGE). Conheça o Brasil – Quantidade de homens e mulheres. **IBGE Educa Jovens**, [*s. d.*]b. Disponível em: https://educa.ibge.gov.br/jovens/conheca-o-brasil/populacao/18319-cor-ou-raca.html. Acesso em: 27 ago. 2024.

INSTITUTO CI&T. Homepage. [*s. d.*]. Disponível em: https://ciandt.com/br/pt-br. Acesso em: 23 out. 2024.

JOY BUOLAMWINI – POET OF CODE. Homepage. [*s. d.*]a. Disponível em: https://www.poetofcode.com/. Acesso em: 12 ago. 2024.

JOY BUOLAMWINI. *In*: WIKIPEDIA: the free encyclopedia. [*s. d.*]b. Disponível em: https://en.wikipedia.org/wiki/Joy_Buolamwini. Acesso em: 12 ago. 2024.

VDI BRASIL. Tokenismo e discriminação algorítmica. **VDI Brasil**, 15 jan. 2020. Disponível em: https://www.vdibrasil.com/tokenismo-e-discriminacao-algoritmica/. Acesso em: 12 ago. 2024.

7

Representatividade negra e preconceito racial na mídia

Docente, você já pensou como o racismo pode estar presente nos meios de comunicação? Sabia que a mídia contribui para a solidificação do ideal do embranquecimento no Brasil? Para trazermos essas questões, precisamos entender como as relações raciais estão consolidadas na nossa sociedade. Vamos nessa?

O Brasil é um país multirracial e de grande diversidade étnica, porém, é perceptível que as mídias produzidas no país não visibilizam essa diversidade. De acordo com dados do Censo Demográfico 2022 do Instituto Brasileiro de Geografia e Estatística (IBGE), 45,3% dos brasileiros se declararam como pardos e 10,2% como pretos, mas, apesar disso, esses grupos são percentualmente pouco retratados nos meios de comunicação.

Segundo o sociólogo e professor Joaze Bernardino Costa (2002, p. 256), no Brasil, as relações raciais foram estruturadas com base em dois elementos: o mito da democracia racial e a ideologia do branqueamento. O mito da democracia racial se consolidou seguindo a crença de que a sociedade vivia um processo de igualdade racial, dando origem a uma realidade na qual as discussões sobre a situação da população negra sempre foram silenciadas ou, quando discutidas, eram tratadas a partir do olhar do branco. Atrelado a isso, arquitetou-se no Brasil o processo de branqueamento da população por meio de políticas para a diluição da raça negra, como o incentivo à imigração europeia. O ideal de branqueamento foi incorporado pela população e se concretizou pela desvalorização da estética negra e, em contrapartida, de uma valorização da estética branca (Costa, 2002). A desaprovação da própria aparência, a negação de sua ancestralidade e o forte sentimento de inferioridade são algumas das nocivas consequências da ideologia do branqueamento para o negro no Brasil, enquanto o branco se fez presente no imaginário social como o melhor representante da espécie humana (Domingues, 2002; Seyeferth, 1993 *apud* Acevedo; Nohara; Ramuski, 2010).

A mídia tem um papel marcante na reprodução das relações raciais no Brasil. Os meios de comunicação social, como cinema, televisão, internet, imprensa e propaganda, são ferramentas formadoras da opinião pública e têm papel determinante na organização social, podendo influenciar comportamentos culturais e valores (Toscani, 2000 *apud* Chaves, 2008). As práticas segregadoras racistas realizadas nesses meios nem sempre se manifestam pelo ódio explícito à diferença racial. Essas práticas são acionadas, muitas vezes, de modo automatizado, naturalizado, quase silencioso, dificultando o reconhecimento e o combate ao fenômeno (ANDI, 2012). Ao não dar visibilidade à verdadeira composição racial brasileira e reforçar estereótipos que limitam pessoas negras a um espectro de características negativas, a mídia acaba contribuindo para o aumento da estigmatização dessa parcela da população.

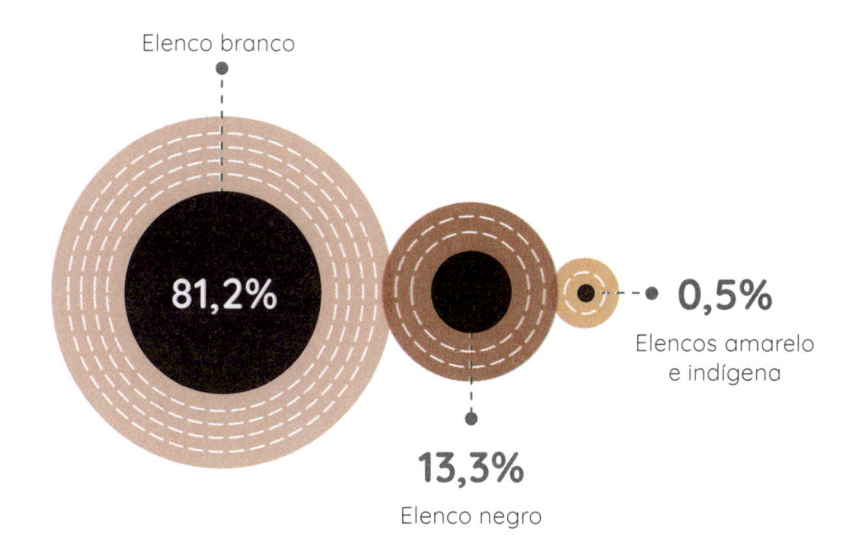

+ 5,0% (dados não encontrados) =
100% (802 atores/atrizes analisados)
Dados de 97 filmes de ficção

FIGURA 7.1 – DESIGUALDADE NO AUDIOVISUAL BRASILEIRO

Fonte: Ancine (2018).

Desde os primórdios da propaganda no Brasil, campanhas publicitárias sempre associaram pessoas brancas a um modelo ideal de estética e costumes, enquanto os negros apareciam apenas em funções subalternas e nunca como usuários do produto, inclusive com associações pejorativas, a exemplo do cabelo crespo com uma esponja de aço – como o fez, em 1952, uma empresa de produtos de limpeza, que ilustrou a propaganda de sua esponja de aço para cozinha reproduzindo-a nos cabelos de uma garotinha negra (Reis Jr., [s. d.]).

Segundo o estudo "Todxs/10: o mapa da representatividade na publicidade brasileira", feito pela agência publicitária Heads em parceria com a ONU Mulheres, a presença de pessoas negras aumentou em campanhas de publicidade no Brasil. O percentual, porém, ainda é pequeno comparado à participação delas na população. Em 2018, a agência monitorou 2.149 comerciais veiculados nos canais de televisão de maior audiência do país durante uma semana. O dado que melhor sinaliza uma evolução é o número de mulheres negras protagonistas, que chegou a 25% de participação nas peças publicitárias, maior percentual visto pelo estudo até hoje. Em relação aos homens, apenas 13% dos homens negros atuavam como protagonistas nas propagandas. Apesar da crescente representatividade da população negra na publicidade brasileira em relação aos anos anteriores, o protagonismo continua majoritariamente branco e as propagandas continuam não representando a real diversidade da sociedade (ONU Mulheres, 2022).

A telenovela, uma das principais formas de entretenimento da televisão brasileira, tornou-se, ao longo dos anos, um instrumento de difusão de uma compreensão de identidade nacional, tomando para si a tarefa de representar o Brasil de múltiplas maneiras. A pesquisa "Televisão em cores? Raça e sexo nas telenovelas 'globais' (1984-2014)", publicada pelo Grupo de Estudos Multidisciplinares da Ação Afirmativa (GEMAA), da Universidade do Estado do Rio de Janeiro (Uerj), apresenta os dados de um levantamento que mediu a representação de atrizes e atores pretos ou pardos na teledramaturgia da Rede Globo de Televisão. Os resultados da pesquisa mostram que, em média, nas 162 novelas que foram ao ar entre 1984 e 2014, 91,3% dos seus personagens centrais foram representados por atores brancos, enquanto os personagens pretos e pardos corresponderam a apenas 8,7% dos atores e atrizes dos elencos.

Mesmo nos casos em que pretos e pardos se fazem presentes nas novelas, eles normalmente ocupam papéis secundários e quase sempre são retratados em situações de inferioridade social, intelectual e cultural. Personagens negros são, geralmente, atrelados a cargos de serviçais e subalternos, como pessoas escravizadas e guarda-costas, e apresentam características estereotipadas, como a da mulher negra hipersexualizada – vista como um ser irresistível, que enlouquece todos os homens ao seu redor – ou o do homem negro periférico e marginalizado, sempre relacionado à violência, revolta e criminalidade.

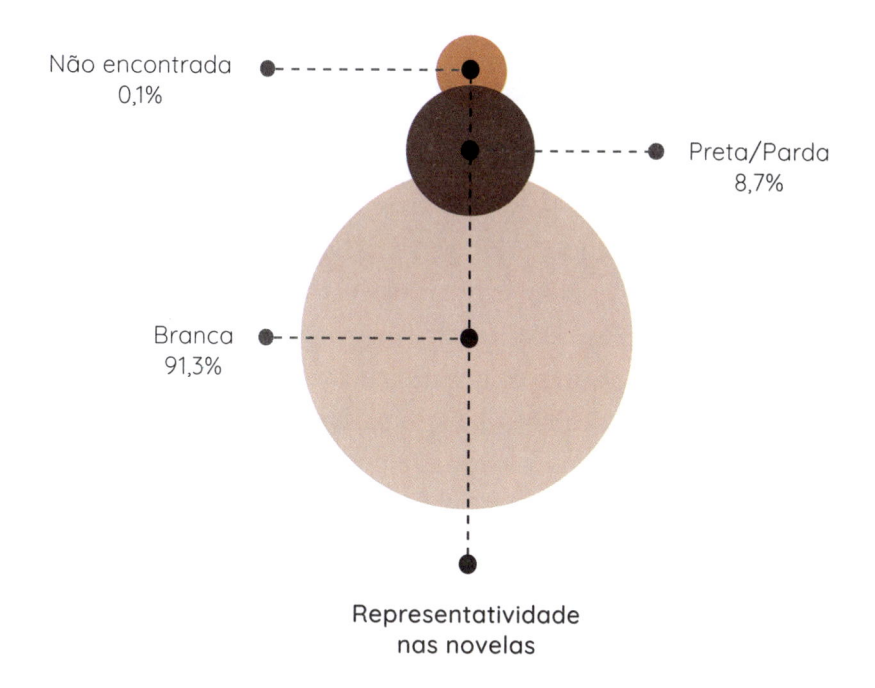

FIGURA 7.2 – PERCENTUAL MÉDIO DE ATORES E ATRIZES EM NOVELAS BRASILEIRAS POR COR (1984-2014)

Fonte: Campos e Feres Junior (2015).

Diversas expressões de racismo utilizadas na televisão brasileira estão relacionadas à prática do *blackface*, que consiste na representação de negros feita por não negros, caracterizando e reforçando estereótipos racistas. Essa prática é exercida há mais de dois séculos e teve início nos Estados Unidos, quando atores brancos usavam tinta para pintar os rostos de preto em espetáculos de humor e tinham comportamentos exagerados para ridicularizar a população negra em prol do entretenimento de pessoas brancas (Redação NT, 2020). Muitos programas de pseudo-humor, no Brasil, se utilizaram desse artifício para ridicularizar o negro por meio de uma caricatura exagerada. Assim, o racismo atuava de modo a desqualificar a pessoa negra, tanto na estereotipação cotidiana, quanto para não atribuir papéis de destaque a atores negros em espaços midiáticos, invisibilizando qualquer possibilidade de protagonismo. Apenas em 2024, pela primeira vez, foi possível ter três novelas no ar na maior emissora de televisão brasileira com protagonistas negras, são elas: *Garota do momento*, ambientada na década de 1950, com a atriz Duda Santos (personagem Beatriz), intenta trazer algumas questões sobre racismo e participação feminina na sociedade; *Volta por cima*, com a atriz Jéssica Ellen (personagem Madalena), busca retratar o cotidiano de pessoas que driblam as dificuldades, especialmente as financeiras, como o povo brasileiro trabalhador costuma fazer; e *Mania de você*, com a atriz Gabz (personagem Viola), que interpreta uma artista circense que posteriormente vira uma renomada chef de cozinha, traz uma trama que envolve sonhos, dinheiro, poder e manipulação da realidade.

Apesar da crescente inserção de pessoas negras na mídia nos últimos anos, ação resultante das conquistas dos movimentos negros, que lutam pela valorização da identidade negra e inclusão de povos historicamente excluídos, esse grupo social ainda é minoritário e pouco representado nos meios de comunicação. A ausência de representatividade pode causar diversos problemas na formação de identidade do indivíduo pertencente ao grupo étnico ou racial invisibilizado. Não se ver representado na televisão, nos livros, nas revistas e nos anúncios publicitários pode trazer à pessoa negra pensamentos de inferioridade e de autorrejeição, além de prejudicar a construção de sua autoestima. Desse modo, combater os estereótipos, as desigualdades e a falta de representatividade nos meios de comunicação é essencial para impedir que a ideologia do branqueamento continue tomando conta da mídia brasileira.

Pessoas pretas — 44

Pessoas brancas — 3.096

FIGURA 7.3 – REPRESENTATIVIDADE INTERNACIONAL
PREMIAÇÕES DE ESTATUETAS DO OSCAR EM 92 EDIÇÕES (2020)

Fonte: Aloi (2019).

1. QUAL O OBJETIVO DE DISCUTIR COM OS ESTUDANTES A REPRESENTATIVIDADE NEGRA E O PRECONCEITO RACIAL NA MÍDIA?

O objetivo de discutir sobre representatividade e racismo na mídia é analisar a forma pela qual o negro tem sido representado pelos meios de comunicação no Brasil e problematizar como essa representação promove o apagamento e silenciamento dos indivíduos não brancos, contribuindo para a manutenção do preconceito racial na sociedade.

2. AO TRAZER ESSA DISCUSSÃO PARA A SALA DE AULA, O QUE SE ESPERA DOS ESTUDANTES?

Ao abordarmos a representatividade negra e o racismo na mídia, é importante explorar como a mídia brasileira reforça políticas históricas de branqueamento no Brasil, colaborando para a manutenção das relações raciais na nossa sociedade. Espera-se que os estudantes negros reflitam se estão representados nos meios de comunicação e nos espaços em que estão inseridos, e como podem contribuir para a reversão do quadro de desigualdade racial nesses meios.

3. COMO TRABALHAR O TEMA EM SALA DE AULA?

Considere as seguintes propostas de atividades:

- Selecione telenovelas com temáticas contemporâneas que ainda colocam o negro em papéis subalternos, a fim de propor uma reflexão sobre o racismo no Brasil. Sugerimos como exemplo uma discussão sobre um personagem repleto de estereótipos interpretado por Lázaro Ramos, na novela *Cobras e lagartos*, produção de 2006 da Rede Globo de Televisão, chamado Foguinho, um homem negro, com cabelo pintado de loiro e trejeitos exagerados, que, na trama, enriquece ilicitamente.

- É possível também fazer uma coletânea de comerciais expostos em jornais e revistas, buscando capturar o lugar do negro nesse espaço durante as décadas.

Pesquisadores sobre estudos de raça e etnicidade afirmam que a representação distorcida que a sociedade faz do indivíduo e de seus aspectos físicos, históricos e culturais podem ter forte impacto na sua autoaceitação e na forma pela qual ele trata seus semelhantes, por haver uma ruptura na sua relação com a própria identidade étnico-racial. Nesse sentido, a representatividade propicia a subversão de concepções racistas, pois positiva a cultura afrodescendente e faz referência a construções identitárias.

Reflita com a turma o uso das expressões: *representação social* e *representatividade*.

Em junho de 2020, uma publicidade da mesma esponja de aço citada anteriormente acendeu uma discussão nas redes sociais sobre racismo. Os internautas criticaram a conotação racista do nome do produto, ao associar o cabelo crespo a trabalhos domésticos, à "limpeza pesada". O produto estava no portfólio da empresa há 70 anos, e, na década de 1950, sua propaganda usava a figura de uma criança negra, aludindo o nome a seu cabelo. Após a repercussão negativa da peça publicitária, a empresa responsável pelo produto anunciou a retirada da marca do mercado (BBC News Brasil, 2020).

A negação do Brasil: o negro nas telenovelas brasileiras

O documentário, dirigido por Joel Zito Araújo, faz uma retrospectiva das telenovelas no Brasil, analisando os papéis destinados aos atores negros, concluindo que estes sempre representavam papéis coadjuvantes, estereotipados e submissos.

A negação do Brasil: o negro nas telenovelas brasileiras.
Direção: Joel Zito Araújo. Produção: Casa de Criação. 2000.
Duração: 91 min.

Lista Preta

Apresentado por Alexandre Santana e Clara Marinho, o podcast aborda temas relacionados à cultura e à identidade negra dentro e fora dos espaços midiáticos, promovendo debates e reflexões. Os episódios abrangem desde indicações de filmes e séries a questões sociais importantes, política, relacionamentos, sexualidade e cotidiano. Disponível em: https://open.spotify.com/show/2UlOEaebgupdKDoURtlTua. Acesso em: 13 ago. 2024.

Referências

ACEVEDO, Claudia Rosa; NOHARA, Jouliana; RAMUSKI, Carmen Lídia. Relações raciais na mídia: um estudo no contexto brasileiro. **Psicologia Política**, v. 10, n. 19, p. 57-73, 2010. Disponível em: http://pepsic.bvsalud.org/pdf/rpp/v10n19/v10n19a06.pdf. Acesso em: 13 ago. 2024.

ALOI, Rafael. Oscar foi entregue para negros apenas 44 vezes na história. **Adoro Cinema**, 20 nov. 2019. Disponível em: https://www.adorocinema.com/noticias/filmes/noticia-151831/. Acesso em: 13 ago. 2024.

ALVES, Soraia. Pesquisa sobre diversidade na publicidade mostra que Brasil ainda precisa quebrar estereótipos. B9, 12 dez. 2018. Disponível em: https://www.b9.com.br/101008/pesquisa-sobre-diversidade-na-publicidade-mostra-que-mercado-brasileiro-ainda-precisa-quebrar-estereotipos/. Acesso em: 14 out. 2020.

AGÊNCIA NACIONAL DO CINEMA (ANCINE). **Diversidade de gênero e raça nos longas-metragens brasileiros lançados em salas de exibição 2016**. 2018. Disponível em: https://www.gov.br/ancine/pt-br/arquivos/informe-diversidade-2016.pdf. Acesso em: 9 jan. 2025.

ANDI – COMUNICAÇÃO E DIREITOS. **Imprensa e racismo**: uma análise das tendências da cobertura jornalística. 2012. Disponível em: https://andi.org.br/wp-content/uploads/2020/09/Imprensa-e-Racismo_FINAL_14dez-2012.pdf. Acesso em: 13 ago. 2024.

BBC NEWS BRASIL. Bombril retira "Krespinha" do mercado: acusações de racismo fazem marcas reverem produtos. **BBC News Brasil**, 18 jun. 2020. Disponível em: https://www.bbc.com/portuguese/brasil-53081428. Acesso em: 29 ago. 2024.

CAMPOS, Luiz Augusto; FERES JUNIOR, João. Televisão em cores? Raça e sexo nas telenovelas "Globais" dos últimos 30 anos. **Textos para discussão GEMAA**, n. 10, 2015, p. 1-23. Disponível em: https://gemaa.iesp.uerj.br/wp-content/uploads/2015/12/images_publicacoes_TpD_TpD10_Gemaa.pdf. Acesso em: 13 ago. 2024.

CHAVES, Maria Laura Barbosa. **O negro na mídia brasileira**. 2008. 39 p. Trabalho de conclusão de curso (Bacharelado em Comunicação Social) – Faculdade de Ciências Sociais Aplicadas, Centro Universitário de Brasília, Brasília, 2008. Disponível em: https://repositorio.uniceub.br/jspui/bitstream/123456789/1951/2/20427316.pdf. Acesso em: 13 ago. 2024.

COSTA, Joaze Bernardino. Ação afirmativa e a rediscussão do mito da democracia racial no Brasil. **Estudos Afro-Asiáticos**, v. 24, p. 247-273, 2002. Disponível em: https://www.scielo.br/pdf/eaa/v24n2/a02v24n2.pdf. Acesso em: 13 ago. 2024.

DA SILVA, Natasha Ísis Rodrigues. **Racismo na mídia e a representatividade (ou não) de MV Bill**. 2013. 53 p. Trabalho de conclusão de curso (Bacharelado em Comunicação Social) – Escola de Comunicação, Universidade Federal do Rio de Janeiro, Rio de Janeiro, 2013. Disponível em: https://pantheon.ufrj.br/bitstream/11422/4083/1/NSilva.pdf. Acesso em: 13 ago. 2024.

INSTITUTO BRASILEIRO DE GEOGRAFIA E ESTATÍSTICA (IBGE). Conheça o Brasil – População: Cor ou raça. **IBGE Educa Jovens**, [*s. d.*]. Disponível em: https://educa.ibge.gov.br/jovens/conheca-o-brasil/populacao/18319-cor-ou-raca.html. Acesso em: 13 ago. 2024.

ONU MULHERES. **Todxs/10**: o mapa da representatividade na publicidade brasileira. Brasília, 2022. Disponível em: https://www.onumulheres.org.br/wp-content/uploads/2022/03/UA_TODXS10_Final-PORT.pdf. Acesso em: 23 set. 2024.

REDAÇÃO NT. Xuxa, Paulo Gustavo e Tom Cavalcante: o *blackface* da TV brasileira. **Na Telinha**, 24 jun. 2020. Disponível em: https://natelinha.uol.com.br/televisao/2020/06/24/xuxa-paulo-gustavo-e-tom-cavalcante-o-blackface-da-tv-brasileira-146867.php. Acesso em: 13 ago. 2024.

REIS JR., Dalmir. Krespinha (Esponja de Aço) – 1952. **Propagandas Históricas**, [*s. d.*]. Disponível em: https://www.propagandashistoricas.com.br/2013/08/krespinha-esponja-de-aco-1952.html. Acesso em: 28 ago. 2024.

8

Racismo no ambiente escolar

Docente, você já pensou como o racismo pode estar presente no ambiente escolar? Sabia que diversas expressões usadas no cotidiano dos brasileiros são racistas? Para trazermos essas questões, precisamos entender como o racismo está consolidado na nossa sociedade. Vamos nessa?

Quando falamos em discriminação étnico-racial nas escolas, certamente estamos nos referindo tanto a práticas discriminatórias e preconceituosas que envolvem um universo composto por relações raciais pessoais entre os estudantes, professores e direção da escola, quanto ao forte racismo repassado por meio dos livros e outros materiais didáticos (Sant'ana, 2005).

FIGURA 8.1 – TIRINHA DE ARMANDINHO

Em nossa sociedade, o potencial e as habilidades de pessoas negras, em geral, são subestimados por causa do preconceito racial, e essa generalização se reflete na sala de aula. Segundo a pedagoga e professora soteropolitana Ana Célia da Silva (2005), muitos docentes nutrem uma baixa expectativa em relação à capacidade de estudantes negros e pertencentes às classes populares. As origens dessa perspectiva podem estar na internalização da representação negativa do negro nos meios de comunicação e materiais pedagógicos, um estereótipo criado para justificar a sua exclusão no processo produtivo desde o período pós-escravização estendendo-se à atualidade. Isso influencia fortemente a socialização infantil, pois a criança não negra aprende e reproduz atitudes e valores preconceituosos, reafirmados pela linguagem verbal. Por outro lado, a criança negra é impactada pelo discurso da marginalização e da exclusão, o que pode conduzi-la ao desinteresse pelos estudos, à repetência e à evasão escolar, por exemplo.

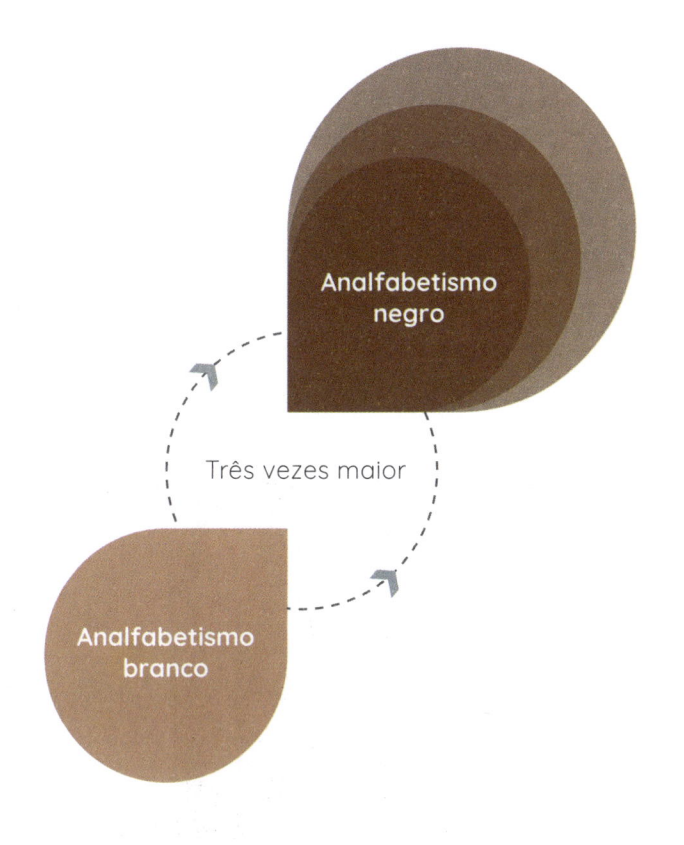

Analfabetismo negro

Três vezes maior

Analfabetismo branco

FIGURA 8.2 – QUEM TEM DIREITO E ACESSO À EDUCAÇÃO? O NÚMERO DE PESSOAS NÃO ALFABETIZADAS NA POPULAÇÃO NEGRA É TRÊS VEZES MAIOR QUE NA POPULAÇÃO BRANCA (2019)

Fonte: Morales (2020).

O preconceito racial está tão internalizado em nossa cultura que, por vezes, é pouco evidente para muitos estudantes e profissionais da escola. Em algumas situações, esses modos de violência se manifestam de forma velada, e, constantemente, a criança negra é atingida por palavras e piadas não neutras na convivência com colegas e educadores.

Diversas expressões racistas presentes no cotidiano dos brasileiros são reproduzidas no ambiente escolar (Gouveia, 2005 *apud* Coqueiro, 2008). É comum escutar, por exemplo, "amanhã é dia de branco", "a coisa *tá* preta" ou "denegrir". Podem parecer simples "vocábulos", "brincadeiras" ou "só jeito de falar", mas essas palavras ofensivas contribuem para o processo de desqualificação dos negros, reforçando no inconsciente coletivo a relação preconceituosa entre negritude e negatividade (MPDFT; SEJUS, 2020). Quando expressões racistas são constantemente naturalizadas e impregnam a sala de aula, o estudante negro é colocado em uma posição desconfortável de desvalorização ou invisibilidade – uma posição que não cabe a ele ou a qualquer outro estudante.

FIGURA 8.3 – CHARGE DE TONI D'AGOSTINHO

Quando não é retratada nas ilustrações do livro didático e/ou é limitada a papéis subalternos, a criança que pertence ao grupo étnico-racial invisibilizado e estigmatizado desenvolve um processo de rejeição de si e de seu grupo. Por vezes, os estereótipos e a representação parcial e minimizada da realidade conduzem a pessoa estigmatizada à construção de uma baixa autoestima e ao desprezo de seu assemelhado (Silva, 2005). A ausência de referência positiva na vida da criança e da família, observada no livro didático, no ambiente escolar e em outros espaços em nossa sociedade, deprecia e fragiliza a identidade da criança negra. Frequentemente, ela chega à fase adulta sem reconhecer o valor atrelado à especificidade de seus atributos físicos e à sua origem racial, o que a prejudica de diversas formas em sua vida cotidiana (Andrade, 2005 *apud* Clasto; Toniosso, 2018).

É comum, por exemplo, que em escolas confessionais da rede privada de ensino, as crianças sejam educadas com base em princípios religiosos, os quais, por vezes, são avessos à diversidade religiosa e à riqueza das diferenças culturais. A predominância de determinadas religiões cristãs na educação escolar, a exemplo do catolicismo e do protestantismo, pode se manifestar de forma contrária à apreciação histórica e cultural das diversas religiões, tem contribuído para o estranhamento e hostilização da fé aprendida pela criança no seu grupo familiar e cultural, sobretudo ao se tratar de religiões de matriz africana. Isso pode torná-la confusa e, até mesmo, contribuir para que internalize a imagem negativa que a escola oferece sobre sua religião de origem (Silva, 2005).

O racismo religioso no ambiente escolar foi criticado de forma criativa e inteligível por artistas como Bonifácio Rodrigues de Mattos (1952--2024), apelidado de Ykenga. Conhecido por suas críticas sociais de humor, ele era desenhista técnico e sociólogo e foi um dos primeiros cartunistas a criticar o racismo no Brasil. Em um de seus trabalhos, intitulado "Discriminação nas escolas", retrata uma professora expulsando um estudante negro adepto de uma religião de matriz africana, que trazia no pescoço um colar sagrado. Ela esbraveja: "... Saia deste corpo e desta escola... Que não te pertence!", enquanto os demais estudantes brancos riem do colega, reafirmando o gesto violento da professora. A charge traz ainda uma legenda explicativa: "Contrariando a Lei de Diretrizes e Base da Educação, professores evangélicos discriminam alunos praticantes do candomblé" (Ykenga, [*s. d.*]).

A religião é um aspecto de foro íntimo (Silva, 2005). O Estado brasileiro é laico, e não cabe ao educador impor a sua religião aos seus estudantes. Segundo Silva (2005), isso consiste em uma violência simbólica, sobretudo quando os grupos sub-representados não têm poder para garantir visibilidade aos seus significados culturais nos currículos e materiais didáticos.

O racismo no ambiente escolar é uma das mais perversas formas de violência cotidiana em nosso país. Ele evidencia o contraste entre o papel que a escola deve desempenhar para enfrentar o problema e a reprodução de estigmas por narrativas e práticas adotadas nas instituições de ensino, pautadas em referências etnocêntricas (Henriques; Cavalleiro, 2005) permeadas por preconceitos que reproduzimos (in)conscientemente. A falta de preparo de educadores para lidar com as manifestações de discriminação resultantes da convivência problemática com a diversidade é reflexo do mito brasileiro da democracia racial (Munanga, 2005).

O preconceito racial é uma estratégia ideológica produzida por algumas culturas para justificar e legitimar a dominação exercida sobre outros povos. É preciso responsabilizar não apenas quem reproduz individualmente o racismo, mas todos os demais elementos (instituições, grupos, sistema econômico, políticas, etc.) que o reafirmam continuamente na sociedade. O problema do racismo não se extingue ao garantirmos acesso da população à educação formal ou ao argumentarmos contrariamente a ele, recorrendo à esfera intelectual, apoiados na razão. É preciso ressignificar o imaginário social e as representações coletivas estigmatizantes atribuídas às populações negras e indígenas em nossa sociedade e rever a forte carga afetiva e emocional negativa atribuída a essas representações (Munanga, 2005).

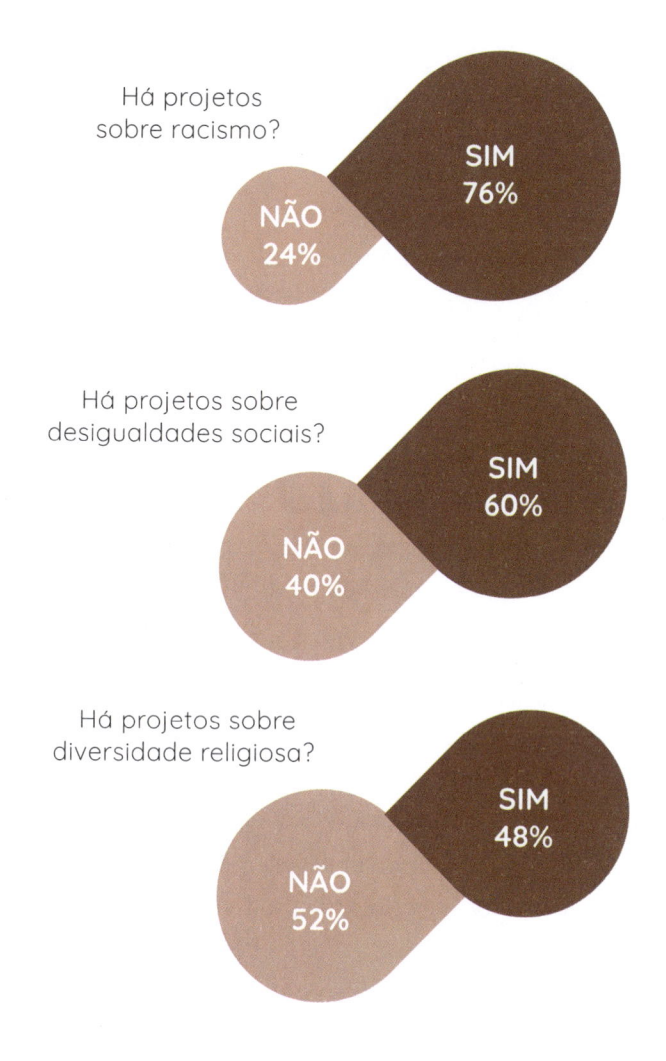

Fonte: Moreno (2018).

A proteção dos direitos da criança e do adolescente vítimas de racismo, preconceito e discriminação

Similar a outras formas de violência física e psicológica, o racismo é crime, ainda que não produza evidências imediatas ou visíveis. Ele causa um acentuado sofrimento psíquico, provoca graves danos psicológicos em crianças e adolescentes e repercute de forma permanente em experiências de vida e subjetividades. O racismo na infância acentua outras formas de vulnerabilidade e violações de direitos. Ele contribui para que jovens negros sejam tratados como seres humanos de "segunda classe", e manifestem em seu comportamento a rejeição e a insatisfação com o próprio corpo, buscando, por vezes, anular seus traços de pertencimento racial e demonstrando insegurança em situações com as quais já possuem competências para lidar.

Outros sinais atrelados à vivência do racismo por crianças e adolescentes são: a dificuldade de expor sentimentos e experiências e de "se expressar criativamente nas brincadeiras; rompantes de agressividade que expressa[m] uma raiva violenta e aparentemente não provocada" (MP-PE, 2015, p. 7). A naturalização do racismo em nossa realidade necessita ser compreendida a partir de sua relação com os altos índices de assassinato de jovens negros, com o predomínio de negros na população carcerária brasileira e com a maior exposição de crianças negras a situações de vulnerabilidade (MP-PE, 2015).

A Lei nº 13.046, promulgada em 1º de dezembro de 2014, obriga as entidades e instituições a incluir profissionais que sejam habilitados para reconhecer e reportar maus-tratos cometidos contra crianças e adolescentes. Além disso, estabelece a comunicação compulsória do racismo para profissionais e entidades que fazem parte do Sistema de Garantia de Direitos da Criança e do Adolescente (SGDCA), a exemplo dos conselheiros tutelares. Enfrentar a discriminação racial é considerada uma obrigação ética e jurídica dos diversos atores sociais que fazem parte do SGDCA – o que inclui a população em geral e a comunidade escolar.

O efeito psíquico do racismo sofrido por crianças e adolescentes necessita ser visto como uma modalidade de maus-tratos para garantirmos o cumprimento dessa lei (MP-PE, 2015).

Informe-se sobre como funciona a rede de proteção dos direitos da criança e do adolescente vítima de racismo, preconceito e discriminação em seu estado e município.

FIGURA 8.5 – QUAL O PESO DO RACISMO NA SAÚDE MENTAL?

Fonte: Figueiredo (2019).

1. **QUAL O OBJETIVO DE DISCUTIR COM OS ESTUDANTES O RACISMO NO AMBIENTE ESCOLAR?**

O objetivo de discutir o racismo na escola é problematizar como o preconceito racial está consolidado na nossa sociedade, identificar como ele é reproduzido no ambiente escolar e estimular a reflexão sobre estratégias e ações que possam contribuir para o seu enfrentamento, dentro e fora da sala de aula. Além disso, reafirma-se a importância de valorizarmos a diversidade étnico--racial e cultural no processo de ensino-aprendizagem e formação cidadã dos indivíduos. A discussão também incentiva o docente a uma reflexão crítica acerca do papel de educador e da influência do racismo sobre seus valores, expectativas e interação com os estudantes e demais profissionais no espaço social escolar.

2. **AO TRAZER ESSA DISCUSSÃO PARA A SALA DE AULA, O QUE SE ESPERA DOS ESTUDANTES?**

Ao discutirmos sobre o racismo no ambiente escolar, esperamos suscitar nos estudantes uma visão crítica sobre o conteúdo verbal e não verbal do seu material didático e sobre os valores relacionados a cor/etnia internalizados ao longo de seu processo educacional. O objetivo não é condenar autores e ilustradores, mas questionar as consequências políticas de uma descrição parcial e racista de nossa história e nosso cotidiano. Além disso, é possível estimular outras abordagens de conteúdos e do protagonismo de personagens historicamente invisibilizadas.

Esperamos que os estudantes reflitam sobre o teor de outras narrativas que fazem parte do ambiente escolar, a exemplo do discurso e das condutas de docentes, coordenadores e outros profissionais da escola, além de suas próprias palavras, ideias e atitudes. É importante problematizar os (pre)conceitos nos quais essas narrativas se baseiam, e como as palavras e atitudes do dia a dia, dentro e fora da escola, podem contribuir para a reprodução de estigmas e para a perpetuação das desigualdades existentes há tanto tempo em nossa sociedade.

3. COMO TRABALHAR O TEMA EM SALA DE AULA?

A educação é uma ferramenta essencial para "questionar e desconstruir mitos de superioridade e inferioridade entre grupos humanos" introjetados em nossa cultura (Munanga, 2005, p. 17). O resgate da memória coletiva e da história das populações negras é importante para a formação dos estudantes de todas as ascendências étnicas, pois nossa cultura, identidade nacional e riqueza econômica e social resultam da contribuição de diversas matrizes étnico-raciais, ainda que em condições desiguais. É possível explorar com os estudantes os elementos originários de diversos povos, presentes em nosso cotidiano, e a atribuição desigual de importância a eles em decorrência de valores racistas (Munanga, 2005).

Um passo fundamental para o enfrentamento do racismo, dentro e fora da escola, é reconhecer-se como alguém que traz consigo ideias preconceituosas, de forma consciente ou não, e ter disposição pessoal para refletir sobre o tema. Docente, explore estratégias que motivem esse tipo de reflexão entre os estudantes.

Lembre-se de que a discussão sobre racismo deve envolver estudantes, colegas de profissão e demais trabalhadores que atuam no ambiente escolar. Estimule os demais educadores, coordenadores, trabalhadores da limpeza, da cozinha, etc., a identificar traços do racismo no cotidiano escolar, como: 1) Baixa expectativa dos educadores e de outros profissionais na escola diante do aprendizado e rendimento de estudantes negros e/ou pertencentes a classes populares; 2) Reprodução de expressões e piadas racistas; 3) Uso de material didático que negligencia ou estigmatiza o protagonismo de personagens históricas negras; 4) Cultivo de valores morais, crenças, entre outros, avessos à diversidade étnico-racial e religiosa, etc.

É possível aproveitar pedagogicamente as situações de discriminação, ocorridas dentro e fora da sala de aula, para discutir a diversidade e a sua importância para a formação escolar e cidadã dos estudantes. Proponha a eles: resgatar experiências de racismo vividas e/ou testemunhadas na vida comunitária, no ambiente escolar, na família, nas redes sociais, etc.; pensar sobre as consequências dessa violência para a pessoa vítima de racismo; e identificar em sua cidade os dispositivos legais disponíveis para registrar a denúncia e garantir a responsabilização de agressores, como o serviço Disque 100, conselhos tutelares, etc. Em seguida, discuta positivamente sobre as diferenças entre os sujeitos no ambiente escolar e estimule os estudantes a propor, junto com os colegas, estratégias para sensibilizar outras turmas sobre a diversidade e o enfrentamento da intolerância à diferença.

Docente, reflita sobre outras estratégias favoráveis ao enfrentamento do racismo na escola:

- Problematize como a combinação de marcadores sociais da diferença (cor, classe social, religião, orientação sexual, etc.) constituem experiências de vida múltiplas. Estimule o respeito mútuo, valorize a diversidade e promova a compreensão e aceitação do outro, com suas diferenças e necessidades nas tarefas propostas, dentro e fora da sala de aula.

- Incentive os estudantes a pesquisar sobre personalidades históricas e eventos marcantes da luta racial, no Brasil e no mundo.

- Promova discussões e pesquisas sobre os conceitos de cultura afro-brasileira e identidade negra.

- Incorpore a literatura de escritores negros, sob a forma de contos populares, poemas, prosa, etc.

- Convide artistas, intelectuais, militantes e profissionais negros de diversas áreas para abordar suas experiências de vida em relação ao racismo.

- Reflita criticamente sobre o racismo estrutural e problematize o mito da democracia racial no Brasil.

- Sugira aos estudantes que assistam a peças teatrais, animações e filmes de curta e longa metragem que abordem o racismo.

- Encoraje a aproximação dos estudantes com movimentos políticos, grupos artístico-culturais, ONGs e outros atores sociais que militam contra o racismo em sua cidade, e fomente o debate sobre suas estratégias de protagonismo social.

- Discuta com os coordenadores, diretores e demais educadores sobre as Diretrizes Curriculares Nacionais para a Educação das Relações Étnico-Raciais e para o Ensino de História e Cultura Afro-Brasileira e Africana, buscando incorporar o enfrentamento do racismo no plano político-pedagógico (PPP) da escola por meio de ações permanentes. Não se limite à lembrança de datas comemorativas.

PENSANDO VOCÁBULOS

Reflita com a turma o uso de nomenclaturas depreciativas e preconceituosas, como: *amanhã é dia de branco, a coisa tá preta, denegrir, mulato, inveja branca, não sou tuas negas, cabelo duro, samba de crioulo doido, um pé na cozinha, mercado negro, lista negra, magia negra, ovelha negra*, etc. Explore como essas expressões se constituíram e foram disseminadas alicerçadas no racismo. Em seguida, incentive os estudantes a propor termos substitutos.

VOCÊ SABIA?

O Ministério Público do Estado da Bahia (MP-BA) criou um aplicativo para que internautas registrem denúncias anônimas de racismo, injúria racial e intolerância religiosa ocorridos no estado. A ferramenta oferece informações que auxiliam a identificar situações de teor racista e como proceder para registrar o fato no MP-BA. Além disso, permite ao usuário navegar pelo aplicativo sem precisar fazer uma denúncia. Tais dados constituem importante fonte de pesquisa no enfrentamento do racismo.

Mapa do Racismo. Disponível em: https://mapadoracismo.mpba. mp.br/. Acesso em: 15 ago. 2024.

Sugerimos as seguintes leituras para ampliar o entendimento sobre o tema do racismo no contexto escolar:

- *Diretrizes Curriculares Nacionais para a Educação das Relações Étnico-Raciais e para o Ensino de História e Cultura Afro--Brasileira e Africana*, elaboradas pelo Ministério da Educação (MEC) (2004).

- *Pele negra, máscaras brancas*, de Frantz Fanon (Tradução Renato da Silveira. Salvador: Edufba, 2008).

SUGESTÕES DE VÍDEOS

"Humor perverso e racismo" – *Canal Preto* (2019)

O vídeo aborda o racismo recreativo por trás de comentários racistas entre escolares e em outros espaços da sociedade, além de projetos de dominação racial.

Disponível em: https://www.youtube.com/watch?v=DGg6WolKgOs. Acesso em: 13 ago. 2024.

Racismo nas escolas – racismo institucional e epistemicídio – *Informática Alunos IFBA* (2018)

Este vídeo foi produzido por estudantes de informática do 1º ano da turma de 2017 do Instituto Federal de Educação, Ciência e Tecnologia da Bahia – Campus Paulo Afonso. Aborda manifestações racistas individuais cometidas por professores e outros atores sociais (policial civil) em instituições de ensino (universidades e escolas); descreve os conceitos de racismo institucional e epistemicídio e os seus efeitos na trajetória escolar de estudantes negros.

Disponível em: https://www.youtube.com/watch?v=wT1UFWRnHFg. Acesso em: 15 ago. 2024.

Referências

BRASIL. **Lei nº 13.046, de 1º de dezembro de 2014**. Altera a Lei nº 8.069, de 13 de julho de 1990, que "dispõe sobre o Estatuto da Criança e do Adolescente e dá outras providências", para obrigar entidades a terem, em seus quadros, pessoal capacitado para reconhecer e reportar maus-tratos de crianças e adolescentes. 2014. Disponível em: https://www.planalto.gov.br/ccivil_03/_ato2011-2014/2014/lei/l13046.htm. Acesso em: 22 ago. 2024.

CLASTO, Daiana da Costa; TONIOSSO, José Pedro. Discriminação racial: reflexos no processo de ensino-aprendizagem e na construção identitária do aluno. **Cadernos de Educação: Ensino e Sociedade**, Bebedouro, v. 5, n. 1, p. 129-149, 2018. Disponível em: https://unifafibe.com.br/revistasonline/arquivos/cadernodeeducacao/sumario/68/12042018175056.pdf. Acesso em: 14 ago. 2024.

COQUEIRO, Edna Aparecida. A naturalização do preconceito racial no ambiente escolar: uma reflexão necessária. *In*: PARANÁ. SECRETARIA DA EDUCAÇÃO. **O professor PDE e os desafios da escola pública paranaense**: produção didático-pedagógica. v. 2. Curitiba, 2008. Disponível em: http://www.diaadiaeducacao.pr.gov.br/portals/cadernospde/pdebusca/producoes_pde/2008_ufpr_socio_md_edna_aparecida_coqueiro.pdf. Acesso em: 14 ago. 2024.

FIGUEIREDO, Patrícia. Índice de suicídio entre jovens e adolescentes negros cresce e é 45% maior do que entre brancos. **G1**, 21 maio 2019. Disponível em: https://g1.globo.com/ciencia-e-saude/noticia/2019/05/21/indice-de-suicidio-entre-jovens-e-adolescentes-negros-cresce-e-e-45percent-maior-do-que-entre-brancos.ghtml. Acesso em: 13 ago. 2024.

HENRIQUES, Ricardo; CAVALLEIRO, Eliane. Prefácio à 2ª edição (2005). *In*: MUNANGA, Kabengele (org.). **Superando o racismo na escola**. 2. ed. rev. Brasília: Ministério da Educação, Secretaria de Educação Continuada, Alfabetização e Diversidade, 2005.

MIND LAB BRASIL. Como combater o racismo na escola. **Educador 360**, 12 nov. 2019. Disponível em: https://educador360.com/gestao/racismo-na-escola/. Acesso em: 15 ago. 2024.

MINISTÉRIO PÚBLICO DE PERNAMBUCO (MP-PE). Grupo de Trabalho de Enfrentamento à Discriminação Racial. Vamos falar sobre o racismo na infância? **Informativo do GT Racismo**, Recife, n. 37, 2015. Disponível em: https://siteantigo2.mppe.mp.br/mppe/files/GT-Racismo/Informativo_GT_n_37.pdf.pdf. Acesso em: 15 ago. 2024.

MINISTÉRIO PÚBLICO DO DISTRITO FEDERAL E TERRITÓRIOS (MPDFT); SECRETARIA DE JUSTIÇA E CIDADANIA DO DISTRITO FEDERAL (SEJUS). **O racismo sutil por trás das palavras**. Brasília, 2020. Disponível em: https://sisejufe.org.br/wp-content/uploads/2020/07/Alt-O-racismo-sutil-por-tra%CC%81s-das-palavras-1-1-2.pdf. Acesso em: 15 ago. 2024.

MORALES, Juliana. 5 fatos sobre o racismo na educação brasileira. **Guia do Estudante**, 24 nov. 2020. Disponível em: https://guiadoestudante.abril.com.br/atualidades/5-fatos-sobre-o-racismo-na-educacao-brasileira. Acesso em: 13 ago. 2024.

MORENO, Ana Carolina. Um quarto das escolas públicas não aborda o racismo em atividades extras na sala de aula. **G1**, 21 mar. 2018. Disponível em: https://g1.globo.com/educacao/noticia/um-quarto-das-escolas-publicas-nao-aborda-o-racismo-em-atividades-extras-na-sala-de-aula.ghtml. Acesso em: 13 ago. 2024.

MUNANGA, Kabengele (org.). **Superando o racismo na escola**. 2. ed. rev. Brasília: Ministério da Educação, Secretaria de Educação Continuada, Alfabetização e Diversidade, 2005.

SANT'ANA, Antônio Olímpio de. História e conceitos básicos sobre o racismo e seus derivados. *In*: MUNANGA, Kabengele (org.). **Superando o racismo na escola**. 2. ed. rev. Brasília: Ministério da Educação, Secretaria de Educação Continuada, Alfabetização e Diversidade, 2005.

SILVA, Ana Célia da. A desconstrução da discriminação no livro didático. *In*: MUNANGA, Kabengele (org.). **Superando o racismo na escola**. 2. ed. rev. Brasília: Ministério da Educação, Secretaria de Educação Continuada, Alfabetização e Diversidade, 2005.

YKENGA. Discriminação nas escolas. **Ykenga**, [*s. d.*]. Disponível em: https://ykenga.com.br/discriminacao-nas-escolas/. Acesso em: 30 ago. 2024.

9

Literatura negra

Docente, certamente, você já ouviu falar sobre literatura negra ou a expressão "enegrecer a literatura", não é mesmo? Será que a literatura tem cor? Qual é a importância dessa representatividade para a literatura e para a sociedade? Neste capítulo, vamos pensar essa escrita como necessária e eficiente para visibilizar pessoas racialmente invisibilizadas.

A literatura sempre foi um espelho da sociedade. Por isso, ao tratar sobre questões literárias, não podemos esquecer o contexto histórico e questões que marcaram um determinado período. Assim, ao estudarmos cada manifestação literária, podemos inferir sobre padrões de época em que as obras foram produzidas. Aqui, no Brasil, a escrita literária elaborada por brasileiros teve início no período seiscentista, com o Barroco. Ao pensarmos nas escolas literárias subsequentes, analisemos: Quando o homem negro passa a escrever e a ser visibilizado? Quando a mulher, sobretudo negra, passa a escrever e a ser visibilizada? Tais grupos sociais sempre foram oprimidos e silenciados por séculos.

O cânone, ou clássicos literários, que sempre vigorou no ambiente escolar, reforça a dominação da cultura branca em detrimento de outras culturas, entendidas como menores. Por isso, a estereotipação de pessoas negras sempre foi um mote para essa literatura – a mestiça hipersexualizada, o negro feroz e viril, a preta velha enlouquecida ou profissional de serviços domésticos, são alguns exemplos.

Ao pensar nas obras de Jorge Amado (1912-2001), de Monteiro Lobato (1882-1948), de Joaquim Manuel de Macedo (1820-1882), tem-se uma pequena amostra de como os negros costumam ser retratados: de modo caricatural, distante da sua história e de sua realidade, por vezes, sem núcleo familiar ou sobrenome. As mulheres negras são descritas como fogosas, boas de cama, ratificando o ditado popular: "branca para casar, mulata para fornicar, preta para trabalhar". Como aponta o professor e escritor Dionísio (2015, p. 1): "o personagem masculino negro nas obras [...] tende a manter a lógica que permeia a literatura brasileira e dos seus narradores, criando personagens que perpetuam o mito sexual de virilidade e o despojamento de humanidade desses sujeitos".

Com isso, subvertendo padrões e imposições dos críticos literários, a *literatura negra* possibilita que pessoas negras escrevam sobre si e sobre os seus, sem mediadores. Logo, expressa vivências e subjetividades, extravasa dores e visibiliza a história de milhares de brasileiros que se reconhecem em cada linha, seja na poesia ou na prosa. Nessas narrativas, torna-se perceptível a história das pessoas negras que foram abruptamente retiradas de seu país, trazidas para o Brasil e escravizadas, além de todas as implicações desse contexto para as gerações posteriores. A ancestralidade que cada conto, cada romance, cada poema carrega é uma teia complexa na qual se entrecruzam mães, avós e filhos de várias gerações.

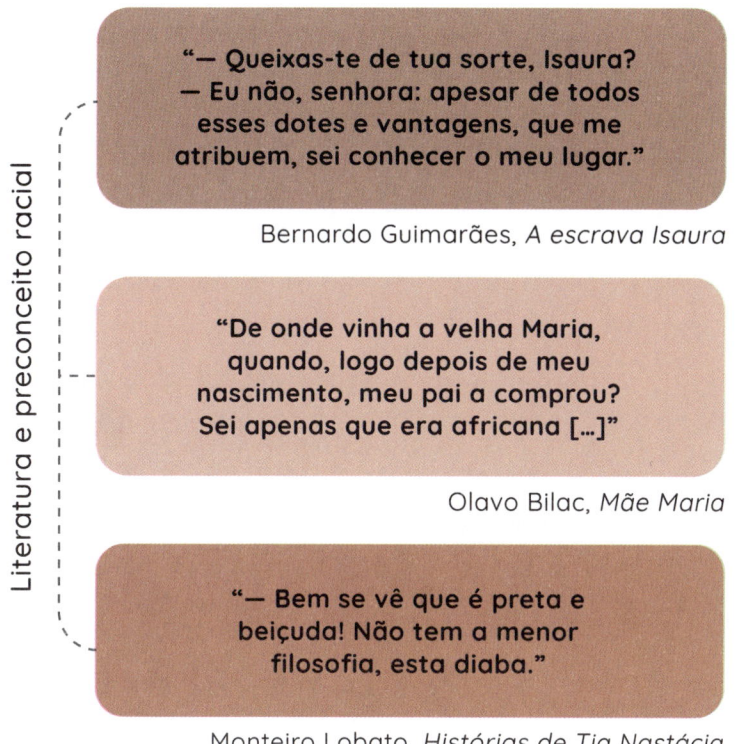

FIGURA 9.1 – A ESTEREOTIPAÇÃO DO NEGRO NA LITERATURA BRASILEIRA

Fonte: Brandino ([s. d.]).

O conto "Olhos d'água", presente no livro homônimo da escritora mineira Maria da Conceição Evaristo de Brito (mais conhecida como Conceição Evaristo), traz à tona o questionamento: "De que cor eram os olhos de minha mãe?", enquanto a narrativa entremeia a vida sofrida de mulheres negras e todas as heranças que elas carregam. Por isso, ao alcançar a cor dos olhos da mãe, a personagem tenta descobrir a cor dos olhos da filha, ao passo que a filha tenta encontrar a cor úmida dos olhos dela. Assim, ao escreverem sobre si, autores negros rompem o ciclo secular de racismo institucional praticado pela literatura hegemônica brasileira.

A literatura negra passa a integrar o cenário literário a partir de meados do século XX, em meio ao surgimento dos movimentos negros, que denunciavam a segregação social e a negação dos direitos civis que lhes eram impostas. Tais manifestações passaram a estimular a consciência da negritude, ratificando comportamentos sociais e culturais, criando teias identitárias e possibilitando às pessoas assumirem e se orgulharem de sua negritude.

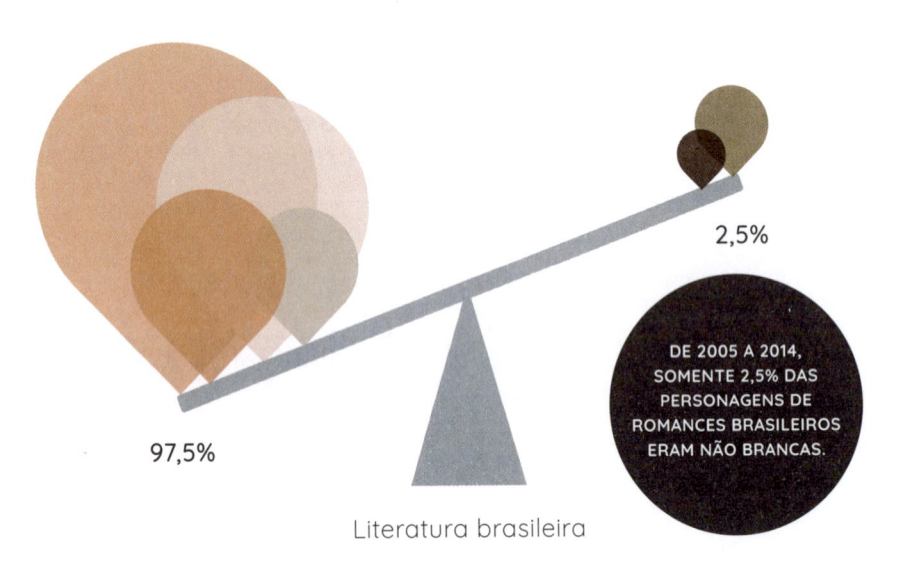

2,5%

DE 2005 A 2014, SOMENTE 2,5% DAS PERSONAGENS DE ROMANCES BRASILEIROS ERAM NÃO BRANCAS.

97,5%

Literatura brasileira

FIGURA 9.2 – A BALANÇA DA LITERATURA BRASILEIRA

Fonte: Oliveira (2018).

Ainda que o século XX tenha testemunhado a efervescência dos movimentos negros, no século XIX, no Brasil, já despontavam escritores abolicionistas, como Luís Gonzaga Pinto da Gama (1830-1882), mais conhecido como Luís Gama, e Maria Firmina dos Reis (1822-1917), ao passo que escritores negros celebrados pela literatura canônica tiveram a negritude silenciada, camuflada ou colocada como um contraponto exótico a sua escrita, como Machado de Assis, que foi constantemente embranquecido pela sociedade, pela mídia e pelos livros didáticos.

Através da literatura negra, escritores negros passaram a imprimir um novo estilo na escrita. Para além das questões relacionadas às vivências dos autores, a linguagem também acompanha essa referência, trazendo um vocabulário e símbolos específicos em um processo contínuo de desconstrução de padrões literários hegemônicos brancos. É extremamente relevante que o negro saia de sujeito tematizado para ser o próprio narrador, deixando de ter um interlocutor branco que deturpa ou estereotipa suas vivências para ser um interlocutor que carrega experiências ancestrais.

Para Duarte (2010), a literatura negra traz a experiência do negro para a escrita literária, atribui ao negro a autoria, permite a adesão à história e às tradições, por meio de uma linguagem atravessada por heranças linguístico-culturais africanas. Todo esse projeto político, estético, ideológico e identitário permite problematizar o cânone literário, que deveria ser plural e heterogêneo.

Para compreender esse contexto de produção e a urgência da literatura negra é necessário ler autores que teorizam a temática, além de se dedicar à prosa literária e aos poemas de autores como Conceição Evaristo, Cuti (Luiz Silva), Miriam Alves, Joel Rufino dos Santos, Oswaldo de Camargo, entre outros.

1. QUAL O OBJETIVO DE DISCUTIR COM OS ESTUDANTES A LITERATURA NEGRA?

O objetivo deste capítulo é discutir uma escrita literária que foge à hegemonia branca, supervalorizada em espaços escolares e pela crítica literária. Dessa maneira, intenta-se que o docente reflita tanto a diferença quanto a importância de uma literatura escrita por pessoas negras, tratando de suas ancestralidades, vivências e resistências, que, geralmente, dialogam com a existência de muitos estudantes.

2. AO TRAZER ESSA DISCUSSÃO PARA A SALA DE AULA, O QUE SE ESPERA DOS ESTUDANTES?

Ao discutirmos a literatura negra, é importante explorar como a escrita de pessoas brancas sobre as experiências dos negros carrega uma estereotipação que permeou (e ainda permeia) o imaginário da população brasileira e estrangeira. Espera-se que os estudantes reflitam, por exemplo, sobre como essa percepção corrobora a manutenção dos ideais racistas. Ademais, que percebam a literatura negra como modo de subversão, sobrevivência e ação.

3. COMO TRABALHAR O TEMA EM SALA DE AULA?

Antes de discutir o tema, peça aos estudantes que identifiquem nas escritas literárias (independentemente do gênero) que eles já acessaram: quem era o autor, quem eram as personagens, como elas eram representadas e se perceberam diferenças na representação de brancos e negros. Um dos exemplos mais emblemáticos é a construção da personagem Gabriela, no livro *Gabriela, cravo e canela* (1958), do escritor Jorge Amado, que hipersexualiza a mulher negra.

Trabalhar esses estereótipos de pessoas negras a partir de um autor, como Jorge Amado, ou de vários autores, entre os quais podemos incluir Monteiro Lobato, é uma estratégia que possibilita ao estudante visualizar as matrizes raciais no Brasil. Ainda é possível refletir sobre: O que esses autores faziam era a prática do racismo ou era a ratificação de um pensamento de época? Sendo um pensamento de época, deixa de ser racismo? A polêmica é grande e possui defensores de ambos os lados, como é possível ver nas matérias citadas nas referências.

Além disso, é de extrema importância ler autores negros. Recomendamos a seguinte atividade:

- Explore com os estudantes a publicação Cadernos Negros, cujas edições apresentam excelentes contos ou poemas. Surgido em 1978 e organizado pelo Quilombhoje, as publicações conseguem visibilizar e reunir a escrita de experiências e visões de mundo de escritores negros, constituindo um importante veículo de cultura, de reflexões e de vida de afro-brasileiros.

PENSANDO VOCÁBULOS

Reflita com a turma o uso do vocábulo *escrevivências*, criado e difundido por Conceição Evaristo para significar a escrita que nasce do cotidiano, das experiências de vida, das memórias da própria autora.

A escritora brasileira Carolina Maria de Jesus (1914-1977) é um grande exemplo de como as interseccionalidades marcam a vida da mulher negra. Nascida em Minas Gerais, migrou para a periferia de São Paulo, onde morou na comunidade do Canindé, e seu ofício era de catadora de papelão. Seus escritos, feitos inclusive em papéis encontrados no lixo, foram publicados pelo extinto jornal *A noite*. A sua paixão pela escrita e pela leitura a levou a escrever *Quarto de despejo: diário de uma favelada*, uma verdadeira obra-prima, na qual descreve em primeira pessoa a realidade de ser mulher, negra e pobre neste país. Lançado em 1960, o livro vendeu 10 mil cópias em apenas uma semana. A obra foi traduzida para dezenas de línguas e chegou à Europa, à Ásia e a vários países da América Latina, projetando a escritora no cenário literário brasileiro e mundial.

Em 2021, Carolina Maria de Jesus – mulher negra, periférica, que só teve acesso à educação formal por dois anos – recebeu o título de doutora *honoris causa* pela Universidade Federal do Rio de Janeiro.

Sugerimos as seguintes leituras para ampliar o entendimento sobre a vivência de pessoas negras no Brasil, resgatando sua ancestralidade, infâncias etc., sobretudo em comunidades periféricas:

- *Quarto de despejo: diário de uma favelada*, de Carolina Maria de Jesus (São Paulo: Ática, 2014).
- Coletânea de contos afro-brasileiros *Cadernos Negros*, organizada por Esmeralda Ribeiro e Márcio Barbosa desde 1978 (São Paulo: Quilombhoje, [*s. d.*]). Disponível em: https://www.quilombhoje.com.br/site/cadernos-negros/. Acesso em: 15 ago. 2024.

SUGESTÃO DE VÍDEO

"Literatura afro-brasileira – Conexão Futura" – *Canal Futura* (2015)

Neste vídeo, o programa Conexão Futura, do canal Futura, propôs um diálogo com Conceição Evaristo, Fernanda Felisberto e Eduardo de Assis Duarte sobre a literatura afro-brasileira.

Disponível em: https://www.youtube.com/watch?v=oc-GF_n9Vvk. Acesso em: 15 ago. 2024.

Resistência Afroliterária

O Resistência Afroliterária intenta ser um espaço de divulgação e exposição de arte negra. Por isso, traz análises, resenhas, divulgações, indicações, reflexões e notícias sobre literatura e cultura feitas por e para pessoas negras.

Visite o perfil do Instagram: @afroliteraria

Referências

BRANDINO, Luiza. O negro na literatura brasileira. **Brasil Escola**, [*s. d.*]. Disponível em: https://brasilescola.uol.com.br/literatura/a-representacao-negro-na-literatura-brasileira.htm. Acesso em: 15 ago. 2024.

CUTI (Luiz Silva). **Literatura negro-brasileira**. São Paulo: Selo Negro, 2010.

DIONISIO, Dejair. Homens negros de Jorge Amado: a invisibilidade e a subalternidade dos personagens em Tocaia Grande e o racismo anti-negro. *In*: COPENE SUL, 2., 2015, Curitiba. **Anais eletrônicos** [...], 2015. Disponível em: https://proceedings.science/copene-sul/trabalhos/homens-negros-de-jorge-amado-a-invisibilidade-e-a-subalternidade-dos-personagens?lang=pt-br. Acesso em: 15 ago. 2024.

DUARTE, Eduardo de Assis. Por um conceito de literatura afro-brasileira. **Terceira Margem**, Rio de Janeiro, n. 23, p. 113-138, jul./dez. 2010.

OLIVEIRA, André de. Os negros como protagonistas na literatura num país de maioria negra. **El País**, 22 maio 2018. Disponível em: https://brasil.elpais.com/brasil/2018/05/21/cultura/1526921273_678732.html. Acesso em: 15 ago. 2024.

QUILOMBHOJE. Homepage. **Quilombhoje**, [*s. d.*]. Disponível em: https://www.quilombhoje.com.br/site/. Acesso em: 15 ago. 2024.

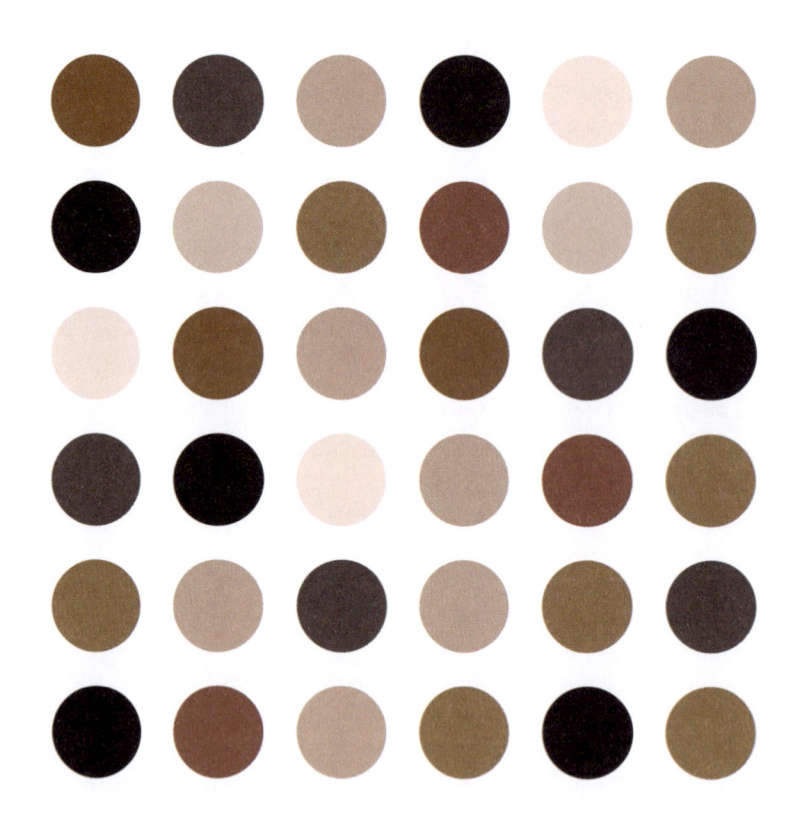

10

A escrita de si como reflexão e subversão de sistemas segregatórios

Docente, você já pensou em como escrever sobre si e seus processos pode contribuir para a compreensão de sistemas de segregação? A escrita caminha ao lado de processos de reflexão, de reconhecimento e de subversão, inclusive de padrões secularmente impostos. Neste capítulo, convidamos você a conhecer a história de uma das autoras deste livro, que entrelaça seu relato à práxis docente, a teorias estudadas em capítulos anteriores, a referências literárias e educacionais, entre muitas outras inquietações...

"Mãe, nesse mundo, não somos nada". Durante muito tempo, essa frase ressoou em minha cabeça. Era adolescente quando li *Clara dos Anjos*, romance de Lima Barreto (1881-1922), e me compadecia da sorte da personagem Clara, sem saber exatamente as interseccionalidades presentes nessa afirmação e as implicações que nela existiam. A conclusão da jovem de que ser mulher, negra, pobre, com parco acesso à educação e mãe solteira significava ser nada na sociedade carioca do início do século XX me angustiava, era um nó na garganta.

Assim, quando li essa obra, pensei na condição vivida por minha mãe, dona Graça, que, como Clara dos Anjos, era uma jovem de família nada abastada e preta, cuja condição financeira obrigou-a a trabalhar desde os 5 anos de idade, ajudando a mãe que lavava "roupa de ganho" e que nunca viu na educação uma maneira de subverter as opressões sociais e raciais a que fora sistematicamente submetida. A escola foi mais um espaço que ratificava o local social destinado a ela: continuar o legado da mãe e lavar as roupas das grã-finas da cidade. Para a personagem do livro, moradora do subúrbio do Rio de Janeiro, filha de uma dona de casa e de um carteiro, bastava ter aulas de música e piano, sem aperfeiçoar os estudos, pois possuía como ideal de vida estar em função do pai, enquanto solteira; e do marido, quando casada. Já para a personagem da vida real, natural de Pojuca (BA), filha de lavadeira e de pedreiro, a vida se resumia em ter, pelo menos, uma refeição por dia, trabalhar, cuidar dos irmãos mais novos e fugir, quando possível, das surras diárias do pai, que lhe confirmava que ela não seria nada na vida.

Nesse contexto, a escola se tornou o local em que era possível diminuir a fome, que deixava a mãe menos preocupada por não ter o que oferecer de alimento aos filhos, mas não um lugar que propiciasse o aprendizado. Os profissionais da instituição de ensino ainda se aproveitaram da situação propondo à menina um pouco mais de merenda escolar, que geralmente era mingau e biscoito, caso ela lavasse os pratos usados durante o lanche. Enquanto ela garantia um pouco mais de mingau, as aulas aconteciam...

Maria Helena Souza Patto (2015) aponta para a necessidade de conhecermos a realidade que engendrou uma versão sobre as diferenças de rendimento escolar existentes entre crianças de distintas origens sociais com base no ambiente familiar, no qual havia a pressuposição de uma carência cultural, que não propiciava um desenvolvimento infantil adequado, e, por conseguinte, não permitia ao indivíduo o êxito na escola. Desse modo, a responsabilidade pelo sucesso da criança nos estudos não poderia ser atribuída apenas à escola.

Nesse sentido, se Gal, apelido que minha mãe recebeu na infância, precisava de uma refeição, naquele contexto inevitável de pobreza, ela não precisava ser alimentada de conhecimento, após a merenda. E o escambo surgiu para diminuir sua fome, já que, na concepção da escola, ela não teria mesmo como avançar. O contexto escolar também era caracterizado por outras opressões e segregações. Minha mãe era ridicularizada por ir à escola com uma calça doada, que tinha um furo grande nas nádegas e fora remendada por minha avó com um tecido qualquer.

A instituição escolar, na década de 1970, concebia o ato de ensinar como mera "decoreba". O que importava era decorar os conteúdos, e, caso estudantes titubeassem ou errassem, a palmatória entrava em ação. Na cidadezinha do interior da Bahia, onde ter um rádio ou uma televisão era luxo, as notícias demoravam a chegar, a Ditadura Militar não era entendida, não era debatida, não era lembrada, vivia-se uma realidade cujo único evento importante do dia era a passagem do trem pela ferrovia que atravessava a cidade. O trem que sempre avançava e tinha um local de chegada contrastava com a vida estagnada das pessoas que o viam passar.

Ainda que a Constituição Federal, a constituição cidadã de 1988, propagasse a ideia de que todos eram iguais perante a lei, essa premissa constituiu uma mera formalidade em um construto social que continuava a oprimir e segregar pessoas negras e indígenas.

Desse modo, a afirmação de que somos todos iguais perante a lei assume um caráter nitidamente formalista em nossas sociedades. O racismo latino-americano é suficientemente sofisticado para manter negros e indígenas na condição de segmentos subordinados no interior das classes mais exploradas, graças a sua forma ideológica mais eficaz: a ideologia do branqueamento, tão bem analisada por cientistas brasileiros. Transmitida pelos meios de comunicação de massa e pelos sistemas ideológicos tradicionais, ela reproduz e perpetua a crença de que as classificações e os valores da cultura ocidental branca são os únicos verdadeiros e universais. Uma vez estabelecido, o mito da superioridade branca comprova a sua eficácia e os efeitos de desintegração violenta, de fragmentação da identidade étnica por ele produzidos, o desejo de embranquecer (de "limpar o sangue" como se diz no Brasil), é internalizado com a consequente negação da própria raça e da própriacultura (Gonzalez, 2011, p. 15).

Sem dúvida, o mito da democracia racial fundamenta o silenciamento e as contradições raciais e continua marginalizando as mulheres negras que, mesmo parte do cenário social, precisam resistir por si e por toda a ancestralidade, lutar e buscar soluções para destituir os privilégios da branquitude. Para além disso, como nos aponta Patto (2015), no século XX, a escola não mais era tida como a redentora dos males da humanidade e transformadora social, uma vez que as desigualdades sociais constituíam uma realidade, ao passo que as teorias eugenistas, deterministas, darwinistas e de "higienização" social vigoravam no Brasil e buscavam justificar a segregação racial e social a que os sujeitos negros estavam submetidos. Para tanto, animalizavam-se esses corpos, cujo destino era traçado pelo branco. Assim, a exploração de classe e a discriminação racial constituem os elementos básicos da luta racial.

Paulo Freire (2017, p. 16) nos diz que:

Do ponto de vista crítico, não é possível pensar sequer a educação sem que se pense a questão do poder; se não é possível compreender a educação como uma prática autônoma ou neutra, isto não significa, de modo algum, que a educação sistemática seja uma pura reprodutora da ideologia dominante. As relações entre a educação enquanto subsistema e o sistema maior são relações dinâmicas, contraditórias e não mecânicas. A educação reproduz a ideologia dominante, é certo, mas não faz apenas isto. Nem mesmo em sociedades altamente modernizadas, com classes dominantes realmente competentes e conscientes do papel da educação, ela é apenas reprodutora da ideologia daquelas classes. As contradições que caracterizam a sociedade como está sendo penetram a intimidade das instituições pedagógicas em que a educação sistemática se está dando e alteram o seu papel ou o seu esforço reprodutor da ideologia dominante.

A reprodução das ideologias faz com que as mulheres (que comungam da opressão histórica sexista), quando interseccionam a categoria racial, sejam movidas a um não lugar, a um local de invisibilidade social; e a educação reproduz esse local do dominante e os padrões da branquitude, da sociedade, do sexismo. Para Luiza Bairros (1995, p. 458), "o racismo já não pode mais ser praticado sem contestação, sem que, de algum modo, emerjam os contradiscursos que (re)criamos nas duas últimas décadas".

A personagem Clara e minha mãe Graça experimentaram a opressão a partir de um local que proporcionava um ponto de vista diferente sobre o que é ser mulher em uma sociedade desigual, racista e sexista. A opressão sofrida foi (e continua sendo) multidimensional, proveniente de múltiplas identidades que permeiam um contexto social e histórico. Segundo Bairros (1995), o patriarcado possui bases de opressão semelhantes às que permitem a existência do racismo, a crença na dominação constituída por noções de inferioridade e superioridade. Ademais, conforme reflete Sueli Carneiro (2019a, p. 326):

São suficientemente conhecidas as condições históricas nas Américas que construíram a relação de coisificação dos negros em geral e das mulheres negras em particular. E sabemos que toda situação de conquista e dominação de um ser humano sobre outro é a apropriação sexual das mulheres do grupo derrotado pelo vencedor que melhor expressa o alcance da derrota. A humilhação definitiva imposta ao derrotado é momento emblemático de superioridade do vencedor.

Esse processo se sustentava (e ainda se sustenta) no silenciamento e na distorção que há em torno do lugar que o branco ocupou (e ocupa), de fato, nas relações raciais brasileiras. Ao tratar de um branco, pelo olhar de um escritor negro oprimido, Lima Barreto imprimiu a sua identidade racial ao processo e tinha uma sensibilidade maior ao falar de Clara e de sua situação como mulher negra. Um dos sintomas da branquitude é não associar desigualdades raciais à discriminação e evitar discutir as diferentes dimensões do privilégio.

Ainda com todas as opressões, Graça entendeu que a única fuga da realidade seria repetir um ato que vira a mãe fazer (com dificuldade), à noite, quando tinha gás no candeeiro: ler romances, do tipo "água com açúcar", doados pelas patroas, que tinham como mote a paixão de mocinhas ditas "indefesas" (que ratificavam a posição social da mulher branca) e por título nomes femininos, como Júlia, Sabrina ou Bianca. Por isso, ela aprendeu a ler: para sonhar...

Ao perceber o interesse da garota pela leitura, a professora de Língua Portuguesa passou a emprestar esse tipo de livro em troca de alguns favores, como tomar conta do filho dela, arear panelas, encerar a casa... Para a docente, ela fazia muito, pois aquela garota miserável não podia esperar muito da vida, precisava praticar o que realmente importava: o trabalho doméstico, não havia outra possibilidade para ela.

Como nos conta Chimamanda Ngozi Adichie (The danger of [...], 2009), em sua palestra "O perigo de uma história única", ao se referir à família de Fide, o menino que trabalhava na casa de sua família, Chimamanda nunca havia pensado que alguém da família do garoto pudesse ser capaz de criar algo belo, no caso um cesto de ráfia, pois ela sabia que eles eram pobres e, nesse contexto, era tudo o que a família poderia ser, era a única história possível: a pobreza. Da mesma forma, a professora de minha mãe não imaginava nada para a menina, a não ser repetir histórias familiares. Assim, mesmo que os livros fizessem a pequena Gal esquecer um pouco a fome, ela voltaria à realidade quando os fechasse.

Minha mãe desejava sempre mais livros, inclusive pedia para ficar lendo durante a aula da professora, ao que esta assentia sempre com um sorriso. No entanto, foi com uma gargalhada que, no fim do ano, a professora lhe deu a notícia de sua reprovação e disse para ela nunca mais achar que professor era colega, que ela ia aprender a não mais deixar de prestar atenção na aula para ficar lendo romances. Assim, ratificando Adichie (2009), "a consequência de uma única história é essa: ela rouba das pessoas sua dignidade". Aquela menina não podia nutrir o amor e a avidez pela leitura, ela precisava compreender seu lugar no mundo. Para tanto, um plano foi friamente arquitetado pela professora, que o levou a cabo durante todo ano letivo para, ao fim, ser comemorado com uma "lição de moral" que servisse de exemplo aos outros estudantes, causando à menina uma humilhação, que ficou marcada em sua memória.

> Humilhação é humilhação social. Corresponde a experiência pela qual perdemos um traço ou um sentimento dele. Um traço de humanidade tem sua experiência perdida. Um impedimento que não é natural ou acidental, mas aplicado ou sustentado por outros seres humanos (Gonçalves Filho, 2007, p. 194).

Se, na escola, Gal levou um tapa metafórico da professora; em casa, foi real. Veio, então, a proibição da leitura pelos pais.

Como nos ensina Freire (2017), a educação nunca é neutra, pois está permeada por implicações. O educador nunca será um agente neutro, entretanto, isso não quer dizer que ele seja um manipulador. A ação da professora, ao desejar aplicar uma punição na estudante, apenas visou uma vingança. Ela não estabeleceu limites de horário para leitura, não valorizou o interesse e o ato da leitura, mas obteve vantagens domésticas e "deu corda" para depois "enforcar". A perda do ano letivo mostrou à garota que não ela tinha o direito de sonhar e que o lugar dela era, de fato, trabalhando.

Cumpriu-se, assim, o que se pretendia para a educação do século XX no Brasil. A educação é reprodutora de sistemas dominantes e é um instrumento voraz e eficaz para ratificar o domínio de classes e a manipulação social, para além de reproduzir o senso comum, que traz a ideia limitante da mulher negra que se destina aos serviços subalternos, validando uma tradição patriarcal e colonial para as mulheres brasileiras. A concepção racista e segregacionista foi normalizada nas ações cotidianas e o discurso de branqueamento da população arraigado como a "salvação" de nossa sociedade. Por outro lado, a educação pode ser libertadora, como nos aponta Freire (2017), uma vez que o educador pode assumir uma posição coerente com a opção política, conectando discurso à prática, refletindo sobre a docência, aliando aquilo que fala ao que faz. A coerência entre a opção proclamada e a prática é uma das exigências que educadores críticos fazem a si mesmos, cientes de que não é o discurso que ajuíza a prática, mas a prática que ajuíza o discurso.

O romance *Clara dos Anjos*, publicado em 1922, mesmo ano da morte do autor, não alcançou, pois, o processo de emancipação feminina, que ganhou força na década de 1960 e desafiou as mulheres negras na questão identitária, afetiva e sexual. É importante pensar que Lima Barreto, por ser negro e morador do subúrbio carioca, vivendo em uma sociedade segregacionista, enfrentou diversos preconceitos, inclusive só recebendo o devido reconhecimento artístico postumamente. Por isso, sua obra enfatiza a opressão contra o negro, em detrimento da opressão contra a mulher. Entretanto, o livro em questão se mostra essencial ao colocar o racismo no centro do debate, ao evidenciar as opressões que pessoas negras sofrem em todos os âmbitos de suas vidas, ao trazer a negritude como um marcador que define locais sociais.

O romance intersecciona categorias de raça (ao tratar da negritude), de gênero (ao enfatizar a figura da mulher) e de classe social (ao esmiuçar a pobreza), destituindo as teorias eugenistas tão difundidas no século XIX no Brasil. A personagem, caracterizada como "mulata", traz a questão das identidades cromáticas tão ratificadas no Brasil para destituir o negro e instituir cores que fujam (ou clareiem) a raça, fragmentando--se assim a identidade e enfraquecendo política e ideologicamente o grupo – as de tez mais escuras são menos valorizadas; quando clareadas, tornam-se objetos sexuais. Como demonstrado em capítulos anteriores, as imagens construídas acerca das mulheres "de cor" (em uma perspectiva colorista e pejorativa) constituíram formas de violência, de exploração sexual ou da força de trabalho. Consequentemente, essas mulheres não eram vistas como pessoas para casar ou, geralmente, casavam-se tarde. Quando mães solteiras, como a personagem Clara e a jovem Graça, que foi mãe aos 16 anos, tinham ainda mais dificuldade de contrair matrimônio. Para Sueli Carneiro (2019b, p. 172):

> Essa herança colonial e a persistência desses paradigmas no pós-abolição terão impacto negativo na construção de uma perspectiva unitária de luta das mulheres pela sua emancipação social, transformando o movimento feminista posterior em um campo de batalha, onde ressentimentos seculares decorrentes dos privilégios e opressões determinados por esses estereótipos defrontar-se-ão de forma às vezes dramática, até que as diferenças pudessem ser admitidas o suficiente para viabilizar um diálogo que só agora se inicia de forma solidária, desarmada e consequente.

É inegável que o racismo e o patriarcalismo são conceitos basilares que instituem relações de poder, que inferiorizam o negro e criam modos de subordinação em todos os espaços, especialmente, o escolar. Nesse sentido, a mulher negra sofre uma opressão ainda maior do que a mulher branca e do que o homem negro. Por isso, é importante pensar nas interseccionalidades, a fim de compreender a complexidade identitária sem hierarquização, uma vez que há uma interação nas reproduções de desigualdades sociais.

Nesse contexto de maternidade e falta de perspectivas, para Graça, a escola se tornou um espaço ainda mais distante. Com uma filha para alimentar, pensar em continuar a educação formal ou em ter o prazer da leitura era um luxo. Entretanto, minha mãe passou a sonhar através de mim. Quando fiz 3 anos, ela me matriculou em uma escolinha particular, pois desejava a todo custo um futuro diferente. Para me manter nessa escola, além do trabalho como auxiliar de serviços gerais (de segunda a sábado), fazia "bicos" como garçonete (sábado, à noite, e domingo). Antes de ir ao trabalho, ela me levava para a escola entoando o mantra de que eu tinha de ser diferente dela, de que eu precisava ser melhor do que ela, de que eu teria estudo. Em contrapartida, à medida que eu ia crescendo, ia incentivando minha mãe a continuar a ler.

Assim, aos poucos, os romances que ela lia quando menina foram substituídos por obras de autores como Graciliano Ramos e Machado de Assis. Hoje, trabalhos teóricos, como os da ativista feminista negra estadunidense bell hooks,[1] fazem parte de suas leituras. Juntas, demos um nome carinhoso para os livros: *comida*. É impossível eu passar em frente a uma livraria e não comprar uma "comida" para minha mãe. Toda vez que há "comida" nova, não adianta eu ligar, pois ela não atende. Passa os dias saboreando cada página. Tenho a sensação de que ela vive, de certa forma, no conto "Felicidade clandestina", de Clarice Lispector.

---

1 A autora emprega intencionalmente iniciais minúsculas na grafia do nome para evidenciar o conteúdo de sua obra e como uma forma de posicionamento político e de subversão, resistindo ao que o mundo acadêmico supervaloriza.

Acredito que o amor de minha mãe pelos livros me despertou para a leitura e para a literatura. Talvez a minha escolha acadêmica tenha muito de minha mãe, da tomada de consciência sobre como docentes podem marcar de forma decisiva a vida de estudantes, de como a leitura alimenta a alma e nos permite imaginar, sonhar, ir além. Ainda hoje, ela faz questão de me contar sobre todos os livros que lê, com o mesmo entusiasmo e olhos de criança.

COLOCANDO EM PRÁTICA

1. QUAL O OBJETIVO DE DISCUTIR COM OS ESTUDANTES A ESCRITA DE SI COMO REFLEXÃO E SUBVERSÃO DE SISTEMAS SEGREGATÓRIOS?

A escola tanto pode ser uma instituição fomentadora de sonhos quanto um espaço de segregação de estudantes, determinando quem pode ou não ter sucesso nesse sistema. Por isso, a discussão do tema objetiva promover uma reflexão sobre como as práticas educacionais estão associadas a estigmas sociais, raciais e de gênero e, com base nessas concepções, de como esses estigmas criam "caixinhas" em que as pessoas são "colocadas", tendo assim suas vivências silenciadas em detrimento de seu aprendizado. Seria importante que os estudantes reconhecessem que podem ser alvo desses mecanismos, posicionando-se criticamente em relação a possíveis posturas segregatórias no ambiente escolar.

Decerto que a práxis docente pode ser afetada de maneira decisiva quando os profissionais de ensino conhecem a história de vida dos estudantes, não aquela que está posta, do senso comum, mas aquela que eles mesmos contam. Proponha que essas histórias de vida sejam material fértil para pensar as opressões a que esses sujeitos foram secularmente impostos e refletir sobre essas existências, resistências e subversões. Isso amplia a visão dos processos de ensino-aprendizagem, comportando subjetividades e imaterialidades que rompem com interdependências hierárquicas quando se pensam em seus respectivos antônimos.

2. AO TRAZER ESSA DISCUSSÃO PARA A SALA DE AULA, O QUE SE ESPERA DOS ESTUDANTES?

Espera-se que os estudantes pensem e escrevam sobre suas vivências, sem julgamentos. Tais escritos, provavelmente, ficariam apenas para si, considerando que a história contada é a de quem oprime. Cabe ao docente valorizar esses escritos, estimulando as reflexões, a crítica sobre as intersecções e as pluralidades que envolvem cada situação, intentando, assim, que cada estudante seja capaz de compreender os contextos de opressão que, por vezes, lhe impedem de subverter a lógica segregacionista vigente.

A escritora Conceição Evaristo afirma em seus discursos que "para a mulher negra, escrever é um ato político"; nesse sentido, acreditamos que isso se aplica também a todas as pessoas oprimidas. É inegável o papel do texto escrito, ou oral, como instrumento de ensino-aprendizagem – ressaltando que não há privilégio de uma forma sobre a outra, a exemplo dos griôs, contadores de histórias cuja sabedoria oral nos encaminha a inúmeras reflexões que fortalecem as percepções individuais e coletivas.

3. COMO TRABALHAR O TEMA EM SALA DE AULA?

Para além das discussões, indicamos algumas atividades reflexivas:

- O exercício da escrita de si, dos seus pares ou até de personagens ficcionais que subvertam a lógica das normatividades estabelecidas nunca é simples. Por isso, é importante iniciar o trabalho retomando o conceito de "escrevivências", criado pela escritora Conceição Evaristo, em 1994, o qual faz um jogo entre as expressões "escrever", "viver" e "se ver". Ainda que tenha sido pensado para mulheres negras, o termo abarca outras realidades de pessoas subjugadas. Sendo assim, esse exercício serviria como uma provocação para repensar as histórias que não nos representam, motivando a escrita e a denúncia. Para tanto, sugerimos ler com os estudantes o texto "A escrevivência serve também para as pessoas pensarem" para iniciar a reflexão.

Conceição Evaristo – "A escrevivência serve também para as pessoas pensarem" (2020). Disponível em: https://www.itausocial.org.br/noticias/conceicao-evaristo-a-escrevivencia-serve-tambem-para-as-pessoas-pensarem/. Acesso em: 25 out. 2024.

- A escrita de si é um caminho, mas é possível refletir sobre personagens (sejam super-heróis, princesas, personagens históricas, de novelas, contos, etc.) que ratificam a normatividade. Que tal subverter a ordem? E se a história do Quilombo dos Palmares fosse contada por Dandara? E se a verdadeira super-heroína fosse a pessoa que tem uma jornada tripla/quádrupla (trabalha fora, cuida da casa, de crianças, de parentes idosos, etc.) sem rede de apoio? Estimule os estudantes a revisitar livros, obras de arte, fatos históricos e a criar as narrativas a partir de uma perspectiva crítica que evidencie a ação coordenada das distintas opressões sociais.

- É possível que os estudantes redijam diários, como uma prática inicial para ajudar a criar o hábito de escrever todos os dias e a refletir sobre os processos que lhes inquietam. Encoraje o registro de experiências, pensamentos, sonhos, sentimentos, opiniões, aquilo que cala em cada sujeito e que pode ser ampliado posteriormente para um conto, uma novela, um romance.

- A entrevista com membros da comunidade pode ser uma estratégia para iniciar o exercício da escrita crítica sobre si. Entretanto, é importante ressaltar que ela deve ser realizada com pessoas que carregam a ancestralidade, histórias de vida inspiradoras, que trazem a subversão de padrões. Docente, estimule os estudantes a buscar potenciais entrevistados em suas famílias, em suas comunidades ou mesmo em espaços e em grupos de referência para a cidade (universidade, centros culturais, movimentos sociais, blocos afro, etc.). Discutam em conjunto as perguntas da entrevista e planejem a apresentação das ideias dessas personagens utilizando diferentes recursos: a entrevista escrita, adaptada a rimas, gravada em vídeo ou em formato de podcast, sob a forma de desenhos, etc. Ao fim desses registros e experiências, talvez seja possível montar um livro de autoria coletiva, com histórias que incomodem e inspirem, que fortaleçam sujeitos críticos e reflexivos.

Reflita com os estudantes os seguintes vocábulos e expressões: *escrita de si*, *sistemas segregatórios*, *ancestralidade*, *exploração de classes*, *ideologias de classes*, *educação libertadora* e *fragmentação de identidades*, a fim de compreender como tais construtos impactam nas relações sociais.

O baiano Lázaro Ramos, famoso por sua atuação como ator, escreveu o livro *Na minha pele* (2017), no qual ele traz, a partir de suas vivências de homem negro, oriundo de uma comunidade do interior da Bahia (Ilha do Paty), reflexões sobre gênero, discriminação racial, contexto comunitário e familiar, ações afirmativas, empoderamento negro, afetividades, etc. Com a obra, o autor pretendia causar incômodo para que pudéssemos pensar em um novo projeto de mundo, em que a pluralidade em todos os âmbitos e o estímulo ao diálogo fossem palavras de ordem.

Em 2019, em um colégio privado soteropolitano, a inclusão do livro em atividades curriculares foi criticada por pais de alguns estudantes. Outras obras de importantes intelectuais e artistas negros, antirracistas, não católicos, que haviam sido adotadas por essa instituição de ensino nas aulas de religião, foram igualmente alvos de ataques, como *Pequeno manual antirracista*, de Djamila Ribeiro, e o livro infantil *Amoras*, do rapper Emicida (Tíssia, 2024).

Outro caso semelhante aconteceu com a obra *O avesso da pele*, de Jeferson Tenório. Narrado em primeira pessoa, é um romance que causa incômodo ao falar sobre racismo estrutural, complexidade das relações raciais, negritude e violência a partir de um contexto ficcional que está tão perto de nós. Embora o livro tenha vencido o Prêmio Jabuti 2021 na categoria Romance Literário, foi banido de mais de uma dezena de escolas estaduais de ensino médio nos estados do Rio Grande do Sul, Goiás e Paraná, por decisão das respectivas secretarias da educação, segundo alegação de que continha palavras de baixo calão e descrição de cenas de sexo consideradas inapropriadas para menores de 18 anos. A decisão foi revogada posteriormente por via judicial.

A tentativa de banir a obra de Jeferson Tenório buscou atender a interesses políticos, avessos às denúncias contidas na obra contra a violência racial cotidiana enfrentada por pessoas negras. Em período recente, vivemos uma similitude à época da Ditadura Militar (1964-1985), quando importantes músicos, poetas, intelectuais, artistas, profissionais liberais, entre outros, foram perseguidos, torturados ou mortos por posicionarem-se contra o regime e denunciarem o silenciamento de suas ideias por meio da violência. Nesse sentido, cabe-nos perguntar quais os segmentos-alvo da segregação? A quem interessa seu silenciamento? Quais as formas de resistir a ele?

O enfrentamento do racismo, sexismo, homofobia e outras formas de segregação pode sofrer tentativas de silenciamento por parte de distintos atores da comunidade escolar, a exemplo de familiares dos estudantes. Por isso, é importante que a sensibilização contra essas modalidades de opressão alcance a todos, dentro e fora da escola.

SUGESTÕES DE LEITURAS

Sugerimos as seguintes leituras para ampliar o entendimento sobre o tema:

- *O avesso da pele*, de Jeferson Tenório (São Paulo: Companhia das Letras, 2020).
- *Salvar o fogo*, de Itamar Vieira Junior (São Paulo: Todavia, 2023).

SUGESTÃO DE VÍDEO

"Conceição Evaristo: Escrevivência" – *Leituras Brasileiras* (2020)

O vídeo traz a experiência da grande escritora por meio da escrita de si e dos seus, bem como desconstrói padrões hegemônicos de textos.

Disponível em: https://www.youtube.com/watch?v=QXopKuvxevY. Acesso em: 16 out. 2024.

CONHEÇA TAMBÉM

"A carne" – *Elza Soares* (2017)

Interpretada por Elza Soares, a música faz uma reflexão sobre o que é ser negro em uma sociedade cuja hegemonia branca prevalece.

Disponível em: https://www.youtube.com/watch?v=yktrUMoc1Xw. Acesso em: 16 out. 2024.

Referências

BAIRROS, Luiza. Nossos feminismos revisitados. **Revista Estudos Feministas**, v. 3, n. 2, p. 458-463, 1995. Disponível em: https://www.geledes.org.br/wp-content/uploads/2014/04/Nossos_Feminismos_Revisitados_Luiza_Bairros.pdf. Acesso em: 13 out. 2024.

CARNEIRO, Sueli. Enegrecer o feminismo: a situação da mulher negra na América Latina a partir de uma perspectiva de gênero. *In*: HOLLANDA, Heloísa Buarque (org.). **Pensamento feminista**: conceitos fundamentais. Rio de Janeiro: Bazar do tempo, 2019a. Disponível em: https://www.mpba.mp.br/sites/default/files/biblioteca/direitos-humanos/direitos-das-mulheres/obras_digitalizadas/heloisa-buarque-de-hollanda-pensamento-feminista_-conceitos-fundamentais-bazar-do-tempo-_2019_.pdf. Acesso em: 28 out. 2024.

CARNEIRO, Sueli. Gênero e raça na sociedade brasileira. **Escritos de uma vida**. São Paulo: Pólen Livros, 2019b. Disponível em: https://edisciplinas.usp.br/pluginfile.php/6960643/mod_resource/content/0/CARNEIRO_G%C3%AAnero%20e%20ra%C3%A7a%20na%20sociedade%20brasileira.pdf. Acesso em: 28 out. 2024.

EVARISTO, Conceição. A escrevivência e seus subtextos. *In*: DUARTE, Constância Lima; NUNES, Isabella Rosado (org.). **Escrevivência**: a escrita de nós – Reflexões sobre a obra de Conceição Evaristo. Disponível em: https://www.itausocial.org.br/wp-content/uploads/2021/04/Escrevivencia-A-Escrita-de-Nos-Conceicao-Evaristo.pdf. Acesso em: 7 out. 2024.

FREIRE, Paulo. **A importância do ato de ler**: em três artigos que se completam. São Paulo: Cortez Editora, 2017.

GONÇALVES FILHO, José Moura. Humilhação social: humilhação política. *In*: SOUZA, Beatriz de Paula (org.). **Orientação à queixa escolar**. São Paulo: Casa do Psicólogo, 2007.

GONZALEZ, Lélia. Por um feminismo afro-latino-americano. **Caderno de Formação Política do Círculo Palmarino**, n. 1, 2011. Disponível em: https://edisciplinas.usp.br/pluginfile.php/271077/mod_resource/content/1/Por%20um%20feminismo%20Afro-latino-americano.pdf. Acesso em: 28 out. 2024.

PATTO, Maria Helena Souza. Raízes históricas das concepções sobre o fracasso escolar: o triunfo de uma classe e sua visão de mundo. *In*: PATTO, Maria Helena Souza (org.). **A produção do fracasso escolar**: histórias de submissão e rebeldia. São Paulo: Casa do Psicólogo, 2015.

THE DANGER OF a single story. 2009. 1 vídeo (18min). Publicado por TEDGlobal 2009. Disponível em: https://www.ted.com/talks/chimamanda_adichie_the_danger_of_a_single_story?langua ge=ptbr. Acesso em: 7 out. 2024.

TÍSSIA, Camila. Colégio de Salvador é atacado por mãe de aluno após usar livro antirracista nas aulas de religião. **CNN Brasil**, 2 maio 2024. Disponível em: https://www.cnnbrasil.com.br/nacional/colegio-antonio-vieira-salvador-pequeno-manual-antirracista-djamila-ribeiro-mae-aluno/. Acesso em: 17 out. 2024.